版权声明

THE LANGUAGE OF ART, second edition by Ann Pelo

Copyright © 2007, 2017 by Ann Pelo

Published by arrangement with Redleaf Press c/o Nordlyset Literary Agency through Bardon-Chinese Media Agency

Simplified Chinese translation copyright © 2022 by China Light Industry Press Ltd. / Beijing Multi-Million New Era Culture & Media Co. Ltd.

ALL RIGHTS RESERVED

保留所有权利。非经中国轻工业出版社"万千教育"书面授权，任何人不得以任何方式（包括但不限于电子、机械、手工或其他尚未被发明或应用的技术手段）复印、拍照、扫描、录音、朗读、存储、发表本书中任何部分或本书全部内容，以及其他附带的所有资料（包括但不限于光盘、音频、视频等）。中国轻工业出版社"万千教育"未授权任何机构提供源自本书内容的电子文件阅览、收听或下载服务。如有此类非法行为，查实必究。

THE LANGUAGE OF ART
Inquiry-Based Studio Practices in Early Childhood Settings
(2nd edition)

小小艺术家
学前儿童美术探索活动

〔美〕Ann Pelo 著

于开莲 译

中国轻工业出版社

图书在版编目(CIP)数据

小小艺术家：学前儿童美术探索活动／（美）安·佩洛（Ann Pelo）著；于开莲译. —北京：中国轻工业出版社，2022.7
　　ISBN 978-7-5184-3885-3

　　Ⅰ．①小… Ⅱ．①安… ②于… Ⅲ．①美术课－学前教育－教学参考资料 Ⅳ．①G613.6

中国版本图书馆CIP数据核字（2022）第044490号

总　策　划：石　铁
策划编辑：高　君　　　责任终审：张乃柬　　　责任校对：万　众
责任编辑：张天怡　　　责任监印：刘志颖

出版发行：中国轻工业出版社（北京东长安街6号，邮编：100740）
印　　刷：三河市双升印务有限公司
经　　销：各地新华书店
版　　次：2022年7月第1版第1次印刷
开　　本：710×1000　1/16　印张：17
字　　数：135千字
书　　号：ISBN 978-7-5184-3885-3　　定价：78.00元

读者热线：010-65181109，65262933
发行电话：010-85119832　传真：010-85113293
网　　址：http://www.chlip.com.cn　http://www.wqedu.com
电子信箱：1012305542@qq.com

如发现图书残缺请拨打读者热线联系调换
220166Y1X101ZYW

译 者 序

十多年前,我翻译了本书的原著第一版。十多年后,当我翻译这本书第二版时,有点百感交集。当"万千教育"编辑部的高君编辑发邮件邀请我翻译这本书时,我并未做出回应,理由很简单:工作太忙,实在无暇顾及。巧合的是,我的同门师弟刘昊老师之后又再次将高君编辑引荐给我,并表达了对本书的极大兴趣。我顿时觉得遇到了知音,因为本书确实是一本好书,值得让大家看到,于是欣然接受了翻译本书的邀约。

再看此书,我的思路完全转变了。之前,我从幼儿园美术活动的价值取向与教师角色定位的角度思考问题;而今,我更想从儿童视角重新审视教育,尤其是幼儿园美术教育。将关注点始终放在儿童身上,了解儿童是什么样的人和儿童怎样学,是幼儿教育的根本;而我们怎样看待儿童和儿童的学,将直接决定我们应该怎样教。

首先,我们应该怎样看待儿童及儿童的学,即我们的儿童立场是什么呢?书中所描述的美国希尔托普儿童中心(Hilltop Children's Center),鼓励儿童充分运用各种感官探索不同艺术媒介的颜色、质感和运动方式,与各种艺术媒介深度互动;引导儿童运用各种艺术媒介表达自己的经验、感受和想法;激励儿童开展各种艺术探究活动,运用艺术语言进行交流与批判性思考。在这里,儿童无疑是主角、是核心,是一个个积极主动、爱游戏、爱探索、爱思考、爱表达、有巨大学习潜力的"鲜活"的个体。

其次,我们应该怎样教,或者怎样引导、教育儿童呢?这涉及以下两个层面的问题。

（1）*如何看待艺术*，这是前提。正如作者所说，"艺术可以是思考、感受、想象、联系和表达的方式，也可以是我们存在于世界的一种方式。在我们的教室里，我们将艺术作为我们参与生活、参与这个神秘的世界、参与由不同人士（提问者、惊叹者、感受者、深思者和梦想者）组成的共同体的一种方式。"这样理解艺术，"肯定会减轻一些幼儿教师的压力。这些幼儿教师常说：'我不是艺术家。我不能带领孩子开展艺术活动，因为我不懂艺术技巧，也不具备运用艺术工具的专门技能。'其实，我们不必成为技巧大师或艺术家。我们只要全身心地与孩子们一起参与就行了。"基于这样一种理解，在希尔托普儿童中心，艺术语言被融入教师与儿童的日常生活，遍布于幼儿园班级的各个角落；艺术成为教师和儿童学习的另一种语言、一种探究的工具以及一种表达和交流的手段。

（2）*如何开展艺术教育*。通读全书，我们不难发现，希尔托普儿童中心的教学和学习活动深受意大利瑞吉欧教育理念的影响，瑞吉欧项目教学的理念与做法在书中尽显无遗。比如，教师与儿童一起开展广泛而深入的研究；进行小组合作探究；教师、儿童以及家长共同合作，组成学习共同体；强调儿童的"一百种语言"，鼓励儿童充分运用各种图像语言来表达自己的理解与认识；教师进行详细的记录、分析与展示，展现儿童在创作过程中的所思所想，等等。正如作者所述，这种教学理念"呈现了一种全身心地思考及融入儿童的方式，展现了以观察和研究儿童的理解及问题为基础而非教师预设的课程和活动计划为基础的教学方法"。这恰好也回应了我们最先提出的问题，即我们的儿童立场是以儿童为本、为先。

本书的实用性和操作性极强，让我们真切地看到了如何把理论转化为实践。对广大的一线幼儿教育工作者而言，如何切实有效地开展幼儿园美术探索活动，本书具有极大的借鉴意义。本书上下两编共8章：上编介绍了幼儿园美术室探索活动的基本原则，结合案例呈现了如何激励幼儿探索各种艺术媒介的质感、运动方式、颜色并进行三维立体创作、画具象画，分析了幼儿如何自如地运用艺术语言进行交流与批判性思考；下编则从美术室走进班级，聚焦于如何运用艺术来培养探究文化，以及开展长期研究应遵循的基本原则和指导方针，并通过一个探索树叶生命周期的长期研究实例，详细说明了如何在具体的教育情境中培养探究文化，实践并运用这些原则与方针。

全书主要由笔者翻译、审校，北京体育大学的张慧老师、北京青年政治学院的李春光老师以及首都师范大学的硕士研究生付荣雪、徐小杰、贾甜甜、于晓晴、韩佳伶、魏莎参与了部分书稿的翻译和校对工作。北京求实职业学校的徐荣荣老师对本书的美术术语等进行了翻译和校对。特别感谢我的同门师弟刘昊老师的引荐，以及"万千教育"编辑部高君老师的锲而不舍。

尽管我们已尽力去理解、呈现书中的内容，但囿于翻译水平有限，如有翻译不到位之处，恳请各位读者和同行不吝赐教！

于开莲

前　言

运用新的视角理解"艺术"

人们对"艺术"一词有多种理解。通常，人们用艺术来表示静态的物体或作品，例如，画作、雕塑、乐谱、诗歌、戏剧。从这个意义上理解，艺术是精巧的、美丽的、具有启发性的、引人注目的，或引人入胜的作品。有时，幼儿教师使用"艺术"一词来表示幼儿自发探索颜色和质感的活动，并且这种活动通常是开放性的且又乱又脏，很少有教师的指导或参与。有时，幼儿教师将艺术看作事先计划好的制作活动，他们希望通过这些活动帮助儿童掌握一个个独立的技能与学科知识，例如，精细动作技能（通过使用剪刀或者糨糊）、辨别颜色的能力，等等。但是，当我们探索自己作为教师的新的可能性，以及用全新的视角去理解儿童的能力时，我们可以将艺术理解为儿童与一系列材料进行互动的过程——这一过程是感性的、富有反思性的、创造性的、经过深思熟虑的、相互关联的和极富表现力的。

维·韦基（Vea Vecchi）是一位艺术家，也是意大利瑞吉欧·艾米利亚幼儿学校的一位美术老师。她与洛里斯·马拉古齐（Loris Malaguzzi）在瑞吉欧的学校里合作创建了第一批艺术工作室，并且与马拉古齐及其他同事一起研究表达性艺术在儿童及教师生活中的意义。她在著作《瑞吉欧·艾米利亚的艺术与创造力》（Art and Creativity in Reggio Emilia）中写道，艺术和美学"处于边界地带……在理性与想象之间、认知与表达之间"（2010，6）。艺术和美学是"一种对我们所做的事情关心和关注的态度，是对意义的渴望；是好奇与怀疑；是冷漠、疏忽、顺从以及缺乏参与与感受的对立面"。

韦基以一种动态的、让人浮想联翩的方式界定艺术。艺术可以是思考、感受、想象、联系和表达的方式，也可以是我们存在于世界的一种方式。在我们的教室里，我们将艺术作为我们参与生活、参与这个神秘的世界、参与由不同人士（提问者、惊叹者、感受者、深思者和梦想者）组成的共同体的一种方式。艺术既呼唤又表达了生活中这种参与的复杂性。

这样理解艺术和美学，肯定会减轻一些幼儿教师的压力。这些幼儿教师常说："我不是艺术家。我不能带领孩子开展艺术活动，因为我不懂艺术技巧，也不具备运用艺术工具的专门技能。"其实，我们不必成为技巧大师或艺术家。我们只要全身心地与孩子们一起参与就行了。我们要仔细观察，关注细节，留意我们所留意到的，不断提出问题和挑战，采取新的视角；同时，也要探索自己的情绪，反思自己的想法，不断沟通与倾听。

在接触各种艺术媒介和材料的过程中，我们与孩子们一起探索颜色、质感、动作、线条以及空间构图的美感，并获得感官体验。我们一起学习仔细观察和辨别细微的差别，有目的地运用，并跟随自己的直觉。我们也一起学习如何在感官探索游戏中获得乐趣。当我们与儿童越来越熟练自如地运用这些艺术媒介时，我们就能够利用这些艺术媒介与他人交流自己的理解、情感和问题。反过来，熟练掌握各种艺术语言也让我们开启了各种新的可能性，比如，与儿童进行协作与对话，采取新的视角，加深我们彼此之间的关系，等等。

在运用艺术语言的过程中，儿童以富有想象力和相互关联的方式与世界对话，谈论世间万物。他们运用艺术语言建构意义与理解，参与人与人之间关于思想、经验和情感的对话，而这种参与促使他们在社会上拥有一席之地——提出自己的观点、期望和进行评论。当儿童运用艺术语言时，他们就是知识的生产者，而不是消费者，正是这样的生成性，让儿童能够享有充分的尊严。

这种对艺术及其在幼儿园中的地位的新认识，挑战了当前以学习标准为导向、与评估相关联的教学潮流，即教师开展事先设计好的活动，目的是教儿童掌握一个个独立的技能与学科知识。当前，在幼儿教育领域，人们正热烈地讨论在幼儿教育机构中强调评估的益处与风险，这种讨论很有必要。在这里我不想回顾、评说这一讨论，只想简单地阐述一下我的观点。

当幼儿教育工作者把艺术置于韦基所说的"理性与想象……认知与表达"相互交融的边界地带时，我们就能为儿童创造更具实质性、更有意义且更复杂的学习机会，而这些学习机会是远非评估标准所能轻松测量到的（2010，6）。评估聚焦于去情境化的技能与结果，要对照规范性标准来测量儿童的学习，对照儿童学业学习或发展进程的常模来评估儿童。相反，艺术语言激励儿童进行发散性思维和复杂的表达，把多方面知识与疑问整合起来。因此，积极地使用艺术语言进行表达和探究，可以培养和强化儿童的重要学习品质，如坚持、创造力、问题解决能力与灵活性。此外，它还能促进儿童对空间关系与物理概念、视角与比例的理解，以及其他领域的发展，比如精细运动的灵活性。这样的学习植根于广阔又复杂的情境，生发于儿童对意义与理解的追求之中。

撰写本书时，我没有阐述如何让美术室的探索活动和艺术探究实践适用于现在普遍应用的评估工具，如课堂评估评分系统（Classroom Assessment Scoring System，CLASS）和环境评定量表（Environment Rating Scales，ERS）。我认为，儿童通过艺术活动所表达的观点、想法、情感、经验和直觉绝不能因测量而被低估或大打折扣。儿童为成人理解世界的运转、人际关系的复杂性、伦理道德、故事在生活中的重要性以及超人类世界的驱动力等都做出了独特且必要的贡献——这些贡献也绝不能因评估而被浪费掉。用小学二年级教师安吉·沙利文的话来说，我不愿去追求所谓限定标准中"最高层次的最佳实践"。相反，我更愿意与老师们站在一起，采用广泛的、富有创造性的方式与儿童互动，正确地看待评估，把评估当作一种倾向之需而非仅仅是教学实践的基石。

在早期教育领域中，艺术有多种作用。但是，被当作一种评估方式并不是艺术要发挥的作用。以下是雕塑家、画家玛丽·弗兰克（Mary Frank，2007）对艺术作用的阐述。思考一下，她的哪些语言能让你产生共鸣？艺术有众多作用：

> 抚慰死者，唤醒生者；了解季节变化、鸟类迁徙、鱼类洄游；感受色彩和形状的力量，弥补未说出口的对集体的渴望；给予勇气，用心，敢于冒险，从不畏惧脆弱或荒谬；收获快乐。

思考：
你将如何描述艺术的作用？
在儿童的生活中呢？
在你的生活中呢？

从你的实际情况出发

本书的很多观点是我在希尔托普儿童中心担任指导教师期间萌生的。在希尔托普儿童中心，我们的教学受意大利瑞吉欧·艾米利亚幼儿教育的启发，强调儿童的"一百种语言"，鼓励儿童运用多种不同的方式表达自己的经验、观察、感受和思想。

20世纪90年代初，我和同事们开始研究瑞吉欧·艾米利亚幼儿教育。那时，我们正在开展传统的主题式课程，同时高瞻教育方案也已经广泛流传。在某天的员工会议上，我们观看了一部名为《制作狮子画像》（To Make a Portrait of a Lion）的录像。该录像追踪记录了瑞吉欧学校的儿童为小镇广场上的大理石狮子制作画像的全过程。它深深地触动了我们，让我们的思想开始动摇、产生好奇；它呈现了一种全身心地思考及融入儿童的方式，展现了以观察和研究儿童的理解及问题为基础而非教师预设的课程和活动计划为基础的教学方法。我们渴望更多地了解这种具有回应性同时又很严谨的教学方法。

于是，我们开启了一次变革之旅。最初，我们儿童中心只有少数几位教师尝试了瑞吉欧的做法，最后整个儿童中心都加入了进来。我们朝着一种比我们长期以来依赖的预设主题和活动更具回应性、流畅性、挑战性、智慧的教学方法迈进。我们希望接纳老师和孩子们的艺术语言——一种激发我们不断钻研教学的力量。我们既不是艺术家，也不是有经验的艺术教师。我们跌跌撞撞但信念坚定地一点点摸索，最终开展了由艺术语言支撑的合作探究实践，尽管我们刚开始使用艺术语言时有些迟疑不决，充满了不确定感，甚至有点害羞。

我们的儿童中心与瑞吉欧·艾米利亚的学校不一样。他们的每栋教学楼里都有大型的美术室，同时每间教室里都有美术区。美术室的环境相当美丽，以至于我去参观时，流下了激动的眼泪！此外，瑞吉欧·艾米利亚的学校还聘请了专职的艺术教师，他们既是技艺精湛的艺术工作者，也是孩子们的老师。孩子们完全沉醉在绘画、涂画、雕塑及写作的氛围中，表达和反思他们对周围世界以及彼此的探索、发现。

然而，希尔托普儿童中心只有临时的美术室，也没有聘请艺术教师。大多数美术室没有水槽，空间狭小。美术室具有双重功能，它同时是孩子们吃饭和午睡的地方。这样的空间环境和美国大多数托幼机构一样——最初都不是专门为幼儿设计的，而是由教堂的地下室、小学或办公大楼改造而成。所以，作为一所全日制托幼机构，我们面临诸多挑战与困难。

尽管我们的儿童中心十分简陋，但是我们仍然希望建立一个由儿童、家长及教师组成的学习共同体，大家一起合作开展探究、快乐游戏。我们希望感受美和获得充分的感官体验，希望运用艺术手段激发儿童探究，将美融入生活。我们也希望继续探索如何实现我们的价值观、信念，如何履行我们的义务。在探索的道路上，我们犯过错误，收获过满足，经历了反思、合作，也庆祝过成功，最后找到了属于自己的方法——将艺术语言融入日常教学。这一点，你也可以做到。

以下是开展自我反思与研究的过程。当你开启了实践探索之旅时，你将发现这一过程非常有用。它改编自我与玛吉·卡特（Margie Carter）、德布·柯蒂斯（Deb Curtis）共同开发的"反思与探究的思维镜头"。

反思与探究的思维镜头

敞开心扉，认识自己

- 艺术在你的生活中扮演什么样的角色？艺术曾经感动或激励过你吗？
- 你在童年有艺术创作的经历吗？你那时认为自己是"艺术家"吗？随着年龄的增长，这一想法发生变化了吗？为什么？你如何看待这种变化？
- 你在生活中发挥过创造力吗？有过创造美并尊重美的经历吗？
- 你希望你所教的孩子有哪些艺术经验？你希望他们对自己的学习能力和运用艺术语言的能力有什么看法？
- 当你考虑邀请孩子们学习和使用艺术语言时，作为成人，你的脑海中会闪现哪些观点？（例如，标准、健康与安全、时间、学习目标）
- 这些观点会使你感到好奇，渴望学习更多，并愿意尝试一下这种方法吗？

站在儿童的角度看

- 观察孩子们作画。他们选择画什么？他们的作品包含哪些细节？当他们画画时，什么让他们感到很受挫？什么激励他们坚持画下去？作画时，他们有没有讲一些与绘画相关的故事？
- 留意孩子们在作画时与同伴之间的互动。某个孩子的画会不会启发其他孩子产生创作灵感？他们会不会指出彼此画作中的错误，并建议对方应该怎么画？
- 倾听孩子们如何谈论彼此是不是艺术家。他们有没有把某个儿童称为"画画能手"，即知道只有掌握某种技能和知识才能成为艺术家？
- 你认为，儿童在使用艺术媒介和材料时遇到了哪些障碍？哪些支持策略有助于他们跨越这些障碍？

检查环境

❊ 你目前的班级环境设计在哪些方面支持或妨碍了儿童对艺术媒介的使用?

❊ 哪些美术材料可以一直供儿童使用?材料的组织和摆放是否向孩子们传递了这样一种信号,即他们可以随时、有目的地使用这些材料?

❊ 你会对储物架上艺术材料的摆放方式做出哪些调整?例如,把记号笔、彩色铅笔和蜡笔按颜色分类;添加自然物,如树叶、树枝和种子荚等;摆放各种不同尺寸的画笔,等等。孩子们对这些调整有什么反应?

❊ 目前,你的班级活动计划表中的哪些时间可以让孩子们使用艺术媒介?儿童是自己独立探索还是在教师的支持和指导下使用它们?对此,你想如何改变?

❊ 如果你已经开始将艺术区称为"艺术工作室",那么你如何看待这种称谓上的改变?称谓上的变化是否会影响你的想法,比如,属于该空间的物品有哪些?应该在这个空间进行哪些活动?

与他人合作以扩展视角

❊ 你的同事如何看待艺术的作用和可能性?

❊ 当你的同事为孩子们提供艺术媒介和材料时,他们会获得哪些启发?

❊ 家长是怎样看待艺术的作用和可能性的?在孩子熟练掌握艺术语言方面,他们有什么样的期望和价值观?

反思并采取行动

❊ 关于艺术语言的学习,你形成了什么样的价值观?想实现什么样的意图或者目标?

❊ 如何运用艺术媒介和材料来表征你所看到的、想知道的和理解到的

> 一切？当你画出幼儿搭的积木建筑时，画出表演游戏中的人物形象时，或者描绘孩子们是如何把一团橡皮泥变成各种形状时，你了解了艺术语言的哪些可能性和挑战？
> * 如果你不是以制作出某种成品为导向地指导孩子们开展美术活动，而是为他们提供一种艺术媒介来让他们自己探索，例如，按照水彩画那章的建议为他们提供水彩画颜料，那么将会发生什么？孩子们会发生什么？作为教师的你会发生什么？
> * 你将如何继续了解孩子们的艺术语言能力？
> * 你将如何与儿童家长合作来促进艺术语言的教学实践？

当你阅读本书时，你可能会提出以下反对意见：

- 我们班里只有我一位教师，所以很难实施这种方法。
- 我的教室太小了，没有足够的空间作为美术室。
- 我的责任是让孩子们为以后的学业成功做好准备。
- 我们幼儿园没有购买艺术材料的预算。
- 家长想让我们关注孩子的入学准备。
- 我的一日活动计划表已经排满，没有时间再开展艺术探索活动了。
- 我班里的孩子们还没有准备好对艺术媒介与材料进行开放式的探索，他们只会把东西弄乱。

希望你能花些时间来审视这些反对意见。面对怀疑或反对意见，你可以问自己这样一些问题：

- 这一反对意见的核心是什么？为什么它会对我使用艺术语言造成障碍？
- 关于这一反对意见，我持有什么样的价值观和信念？
- 我如何反驳这种反对意见？我有决心找到解决的办法吗？
- 全盘考虑过后，我发现谁的观点有用？谁能帮我找到解决的办法？

本书的核心是，我相信教师是机敏的、聪慧的，他们对儿童尊严的呵护与儿童能力的尊重可以帮助他们跨越障碍。我相信，当教师面对"必须实施由标准驱动的预设课程"这一压力时，他们有权利也有能力进行创造与创新。我相信，教师愿意采取有力而大胆的行动，代表儿童和他们自己开展生动有趣的探究活动，进行合作，以及做出有意义的贡献。我相信，教师不愿意让自己屈从于简单而令人无精打采的路线，也不愿意让孩子们接受以限制和贫乏为主要特征的教育。

艺术有很多作用。玛丽·弗兰克（2007）说艺术是"给予勇气，用心，敢于冒险，从不畏惧脆弱或荒谬；收获快乐"。当你自己运用艺术语言并把它介绍给你的孩子们时，愿你能从中发现勇气的源泉，愿意走出安逸、舒适的现状去体验新领域带来的活力和快乐。

如何使用本书

艺术语言的运用以两个指导原则为基础。首先，艺术值得拥有专门的空间和时间。我们应该在教室里特意安排空间和时间来引导儿童学习艺术语言。其次，我们应该把艺术语言融入我们的日常生活，而不应该把它局限于房间里的某个特定区域，也不应该把它局限于每周日程表上的某个特定时间。艺术应该遍布积木区、表演游戏区、感官区和游戏场地。这两个原则创造了一种生动的动态机制，即我们首先致力于学习艺术语言，然后把它作为我们日常对话的一部分。这也是本书中艺术探究活动的动态机制，即首先对艺术媒介进行初步探索，然后逐渐推进到运用艺术媒介和材料来支持和深化儿童的探索及长期研究活动。

本书是按照孩子们在教室里度过一学年的节奏来构思的。这一学年从孩子们的艺术探索开始。教师向孩子们介绍一种艺术媒介，从而促使他们与这种媒介发生关系，并随着时间的推移和多次接触来增强这种关系。教师邀请孩子们用他们所有的感官去探索新的艺术媒介，这样他们就能运用自己的身体深入了解这种艺术媒介。

把蛋彩画颜料涂在手上,有什么感觉?

它在粗糙的纸上怎样流动?在光滑的纸上又怎样流动?

用手在纸上涂蛋彩画颜料会发出什么样的声音?用大画笔或者牙签涂抹,又会发出怎样的声音?

在孩子们通过感官探索了解了这种艺术媒介之后,我们鼓励他们进一步探索如何运用艺术媒介进行具象表征。

你能用蛋彩画颜料把可爱的小笨狗画出来吗?

你能不能用蛋彩画颜料讲一个关于生日聚会的故事?

之后,随着儿童拥有越来越多的知识和才能,我们转而引导他们比较各种材料的用途。

给你画的素描画涂色,是用蛋彩画颜料还是用水彩画颜料呢?哪种更合适?

渐渐地,随着儿童运用各种艺术媒介能力的增强,我们开始邀请他们运用艺术媒介来进行交流和批判性思考。

把你用乐高玩具搭的城市画下来吧,这样你明天来时还能记得自己搭的作品是什么样子的。

你能把滑轮在通道里运转的场景画下来吗?这样一来,我们就能全面地了解你的想法。

你能用金属丝表现出叶脉的样子吗?就像画出它的骨骼一样。

本书介绍了将艺术语言作为教学核心的指导方针和策略。全书分为上下两编。上编"美术室的探索活动"介绍了创建美术室的原则,并提供了15个案例,内容涉及材料的质感和运动方式、颜色、雕塑和建构活动,以及具象画。通过这些探索活动，儿童可以自如地运用艺术语言，并在此基础上进行交流和批判性思考。

下编的重点是将艺术作为研究工具。在这一部分，我们走出美术室，进入教室的其他区域，运用幼儿园里发生的故事帮助你了解，使用艺术语言开展短期研究和长期研究的指导原则和方针在实践中的应用。最后一章介绍了一项关于树叶特征的长期研究，其中，艺术是该研究使用的主要语言。

我们并不期望所有孩子都成为诗人、小说家或是散文家，但我们会教所有孩子去读和写，因为我们想让他们变成自信、善于表达的沟通者。同样，我们不期望所有孩子都成为以绘画和雕塑为生的专业的艺术家，但我们确实教孩子们如何使用各种艺术媒介和材料，以便他们可以运用多种语言流畅自如地交流他们的想法、经验、情感、问题和见解。我们希望所有孩子都能了解美、富有创造力和善于表达情感。

教师的艺术探索

当你采用艺术语言开展教学实践时，你可能会发现，你和孩子们一起研究艺术媒介的性质与特征非常有帮助。你可能还会发现，通过艺术探索，你会感受到艺术语言的力量，获得新的认识，也会产生一些困惑，或者建构一个新的愿景。我提供这种多层次的艺术探索活动，是为了向你的冒险精神致敬，向你愿意在教学、学习和生活中探索新的可能性致敬。

> 要想开展这种艺术探索活动，你需要以下材料：
>
> ❀ 几张空白的画纸。
> ❀ 一支笔头尖尖的黑色画笔或圆珠笔。
> ❀ 艺术媒介，如彩色铅笔、蜡笔、油画棒、水彩画颜料或蛋彩画颜料

等，并且这种媒介要有不同的颜色。

注意：这种艺术探索活动是为成人设计的。关于儿童的艺术探索活动，我们将在本书的上编部分介绍。

从观察开始

握手、碰拳、发誓、打手势、挥手、藏猫猫、飞吻、击掌、手指交叉祈求好运——手使我们伸向世界，手保护我们，手把我们彼此连接起来。

我们一天可能看一百次自己的手。例如，我们会在修剪完花园后检查一下指甲里面有没有泥土、舔掉手指上沾着的布朗尼蛋糕，或者看看被纸割伤的口子是否正在愈合。当我们还是婴儿的时候，我们会花很长时间盯着自己的手，并逐渐了解自己的手。现在我们对手如此熟悉了，以至于我们都不会真正去看它们了。我们能否以新的眼光来看待我们的手呢？

看一看你的手的形状和结构，花时间去真正地观察一下你的手。

- 沿着手的外部轮廓线条去感受它们的形状，注意细微的起伏。
- 指尖滑过一只手掌和伸开的手指，注意上面粗糙的斑点和光滑的斑点以及裂缝、肿块和伤疤。
- 看看你的手腕。
- 从手的两侧看看你的指尖。
- 看看手背，上面有一些纵横交错的线条，这些线条组成了各种图案和纹理。
- 看看你的指关节。屈伸手指，观察皮肤的收紧和放松。
- 花些时间观察手指甲和表皮。
- 观察手掌的线条，看看它们与手背的线条有何不同。
- 屈伸手指，观察指关节手掌一侧的线条，看看它们与手背一侧的线条有何相同或不同之处。

我们的双手就是一个奇迹。看看你的手,了解它们的故事。花一些时间思考如下问题:

- 手上蕴含了哪些知识?
- 手上有什么样的伤疤?
- 你什么时候会高兴地举起手?什么时候会愤怒地握紧拳头?
- 当你感到愤怒或者心中充满柔情、渴望或者爱意时,你的手会触碰谁?
- 此时此刻,你的手正在问什么问题?

从观察到绘画

把一张纸放在一个结实的画板上,并准备好画笔。观察手,然后使用"轮廓画"(contour drawing)的画法试着画手。

> "contour"意即"轮廓"。因此,绘画的重点是你所画之物的外边缘。当你绘制轮廓画,用笔勾勒外边缘时,眼睛要盯着所画之物的边缘。

把你的非惯用手摆成你感兴趣的形状。注意手的轮廓:画的时候,手的形状是重点。一旦你按照自己想要的样子把手摆放好了,就不要再动它了。

现在,将目光集中在那只手的外边缘上的某一点。同时,把笔放在纸上——眼睛一直看着手!之后,眼睛慢慢地沿着手的外边缘扫过,同时用画笔画出眼睛所看到的地方。在这个过程中,不看画,只看手。

画的时候,不要把笔从纸上提起来,而是要随着眼睛的视线走,画出眼睛看到的线条。

当眼睛绕着手转了一圈之后,停止画画。看看纸上画出的线条。如果你像大多数画轮廓画的人那样画,那么你的画很可能看起来根本不像手。

从绘画到观察

从全新的视角看你的画,看看你的画像什么。你的画使你想起了什么?列一个清单。

之后，从清单里选出一个事物。写三句话来回答这个问题——你的手为什么像这个事物？

列好清单并回答完问题之后，再看看那只有血有肉的手。你会有什么不同的看法吗？

用颜色交流

当使用艺术语言时，我们通常是从一个不熟悉的角度去思考和感受。这种表达方式的新鲜感使我们能够找到自己的方式去洞察和理解那些我们没有意识到的东西。为了体验这一点，你可以拿出几张纸，选择一种具有多种不同颜色的艺术媒介，如彩色铅笔、蜡笔、油画棒、水彩或蛋彩画颜料。

记住这个问题：你的手是如何应对挑战的？

思考一下，面对挑战，你经常会有怎样的情绪以及你会采用什么方式来表达这些情绪。哪种颜色、形状、运动方式或纹理可以表现以下情绪？

- 勇敢
- 好奇
- 果断
- 渴望
- 兴奋
- 害怕
- 挫败
- 缺乏信心

想一想，你面对挑战时的典型反应。花一些时间思考如下问题：

- 你是想快速完成挑战，还是想深入探索它？你如何运用颜色、形状、运动和纹理来表现？
- 你是想避开挑战还是欢迎它走进你的生活？你如何运用颜色、形状、运动和纹理来表现?
- 挑战会让你心跳加速吗?是因为它让你感到害怕,还是因为它让你感到兴奋?
- 当你陷入困境的时候,你是怎么度过的?当你感到不平衡时,你是怎么度过的?
- 你是寻求他人帮助,还是独自迎接挑战?
- 挑战会激发你思考新的可能性,还是促使你做出某种不受欢迎的变化?

思考完这些问题之后,使用画纸和颜料进行绘画。你如何运用颜色、形状和运动来讲述你的手是如何应对挑战的?

让艺术媒介引导你,听它如何帮助你解答这个问题。你应该像画家乔治娅·奥基夫(Georgia O'Keeffe)那样运用艺术媒介。乔治娅·奥基夫曾说过:"我发现,我可以用颜色和形状来表达我用其他任何方式都无法表达的东西——那些我无法用语言表达的东西。"

画完后,可以花点时间反思你的经历:
- 从观察到绘画到写作再到创作,你看自己手的方式发生变化了吗?
- 观察、画轮廓画、写作以及运用颜色等,哪个最让你感兴趣?哪个最具有挑战性?你能从中获得对自己的哪些了解呢?
- 这一经历让你感到惊讶了吗?让你想要更多吗?
- 你什么时候退缩不前?又是在哪一刻突破自己或尝试冒险的?
- 艺术探索与你的儿童教育工作有什么关系?

目　　录

上编　美术室的探索活动　001

第 1 章　美术室探索活动的基本原则　003

　　空间　004

　　材料、媒介和过程　007

　　延伸活动　016

　　纪录　019

　　探究开始　031

第 2 章　探索质感与运动方式　035

　　手指画　036

　　画架画　042

第 3 章　探索颜色　051

　　黑色和白色颜料　052

　　蛋彩画颜料　060

　　水彩画颜料　070

　　油画棒和色粉笔　079

第 4 章　三维立体媒介　089

　　黏土　090

　　废旧材料和开放性材料　117

　　金属丝　128

第 5 章　具象画　137

　　静物画　138

自画像 148

壁画 156

下编 艺术：从美术室走进班级 169

第6章 运用艺术培养探究文化 171

如何培养探究文化 174

将艺术作为探究工具 178

将艺术作为思维工具的班级日常教育实践 187

第7章 运用艺术开展长期研究 191

开展长期研究的基本原则 192

第8章 关于树叶的长期研究 217

为什么树叶会变色 217

画树叶 218

在社区进行研究 220

树叶的结构：绘画活动 224

树叶的结构：黏土拓印活动 227

树叶的结构：金属丝 228

树叶的情感 229

树叶的生命周期 231

通过节日聚会保持小组成员之间的联系 234

研究春天 235

重新审视树叶的生命周期 236

为什么树叶会变色 238

用自己的方式开展研究 239

术语表 241

上编

美术室的探索活动

上编，我们通过开放式探索活动向儿童介绍各种艺术媒介。通过这些探索活动，儿童将逐渐了解媒介的特性和各种可能性，例如，它们的运动方式、它们给人的触觉感受、它们的使用方式、使用它们时需要具备的能力，以及需要准备哪些材料，等等。这些知识为你今后在教室中将艺术作为一种思维工具奠定了基础。

第 1 章介绍了在幼儿园创建美术室以及向儿童介绍各种材料的基本原则。基于这些原则，我们对艺术媒介进行了后续的探索。第 2 章到第 5 章分别介绍了各种艺术探索活动，涉及材料的质感、运动方式、颜色、雕塑、建构以及具象画。

第1章　美术室探索活动的基本原则

学习一门语言，要从基本发音开始。我们练习调整口型和舌头，尝试发出声调和抑扬顿挫的声音；倾听他人说话，模仿听到的声音，并将各种声音——元音和辅音——组合成各种词汇。随着时间的推移，我们说话不再笨拙，逐渐熟悉了一门新语言。我们的梦想最终在学习新语言的过程中得以实现。可以说，是我们自己掌握了这门语言。

艺术语言的学习也是这样。我们探索某一媒介的物理特性，例如，用手触摸它是什么感觉，它在纸上如何流动以及如何创造出某种形状。然后，我们运用材料和技巧开展探索活动。经过多次操作和探索，我们逐渐熟悉了这一新的艺术媒介，然后开始思考它的颜色、质感、运动方式以及如何使用它塑型等问题。这时，我们也可以说自己掌握了这门艺术语言。

瑞吉欧·艾米利亚学校的艺术教师乔瓦尼·皮亚扎（Giovanni Piazza）将了解艺术媒介的过程描述为"学习字母表"。他说："儿童正是通过与材料之间的互动才学习了字母表。""当儿童使用纸张、黏土、金属丝等不同的材料时，他们就掌握了不同的字母。当儿童手脑并用借助不同的姿势和工具操作材料，并逐渐掌握各种技能、经验、策略和规则时，类似'字母表或语法'的结构就会在他们的脑海中形成。"（Gandini, 2005, 13）

皮亚扎指出了儿童探索艺术媒介时的关键要素。儿童手脑并用进行探索——他们不是在瞎摆弄，而是在思考。他们运用各种手势和材料来发展技能与策略，将通过动手操作获得的知识（有关质感、密度、运动方式、色度、色调、对比度、柔韧性以及硬度的知识）与通过观察和反思获得的知识整合到一起。最终，他们技艺娴熟，可以运用艺术媒介进行自我表达。

幼儿学习字母表和语法离不开成人的指导和支持。正如吉尔·恩格尔布赖特·福克斯（Jill Englebright Fox）和罗伯特·施尔玛赫（Robert Schirrmacher）所写，"幼儿不会自动地发现如何使用水彩，他们需要成人指导他们使用水彩及其注意事项。但是，他们不需要成人告诉他们画什么或者画成什么样"（2015，200）。为了指导和促进儿童的艺术探索，我们创建美术室，或专门开辟一个艺术探索区。我们提供各种艺术材料，并通过这些材料向他们传达意图和各种可能性。当儿童探索某种艺术媒介时，我们指导他们观察、注意、反思并进行意义建构，帮助他们与艺术媒介进行有意识的感知性互动。同时，我们自己也在学习和意义建构，以便更深入地了解儿童如何通过探索和提问来建构自己的理解。作为教师，我们不必要求自己熟练地掌握某种艺术媒介，从而引导儿童熟练地掌握它们；我们只要愿意和儿童一起保持好奇心，共同用我们的双手、智慧、眼睛、想象力、已有经验、毅力和游戏精神进行探索就足够了。这样，我们就可以和儿童一起学习某种艺术媒介的字母表了。以下内容便提供了一些指导建议。

空　　间

创建美术室

美术室可以有多种形式。如果你所在的幼儿园空间充足，那么你可以指定一间教室作为美术室，让整间屋子散发艺术气息。如果你所在的幼儿园空间有限，那么你可以在教室里开辟一个角落，在儿童游戏的时候用简易屏风或架子将这个角落与其他喧嚣的活动区域隔开，将其变成美术室。其实，创建什么样的美术室并不重要，重要的是你和儿童一起在这里共同进行的探索活动。

艺术教师维·韦基将艺术工作室描述为"想象力、严谨性、实验、创造力和表达相互交织、彼此成就的研究场所"（2010，176）。这一表述很好地反映了我们创建美术室的初衷，无论这个美术室是房间里某个只有一张桌子和几个架子的角落，还是一间独立的大型艺术工作室。美术室的创建本身其实就是在表达你的空间使用意图。当儿童在桌面上运用"想象力、严谨性、实验和创造力"操作颜料、黏土和金属丝的时候，这张桌子也因此变得鲜活、生动起来。

美术室需要具备以下基本条件：

- 瓷砖地面：很多艺术探索活动都会把地面弄得脏乱不堪，因此需要这样的地面。
- 桌子：可供四五个儿童以及教师共同创作。
- 光线充足：自然光或人造光均可。
- 开放式材料储物架：储物架高度要适合儿童，同时不要将材料存放在封闭的、儿童不易取放的容器里。
- 晾晒绘画作品的空间：可以是一个晾干架或晾衣绳，也可以是一排架子。
- 晾晒三维立体作品的空间：一排适合摆放作品的架子，且架子间要保持一定的距离。

如果美术室在教室里，那么你要想办法把它与教室内的其他区域隔开。有些机构会使用高高的、开放式置物架将它围起来，有些机构则使用木制或布制的简易屏风。此外，还可以悬挂透明的窗帘，或者在地板上放一些盒子，里面种些蔓生植物，这样它们长大后就可以形成一面富有生命力的墙。这样划分区域的目的是让儿童集中精神，保持注意力，同时让他们明白："你可以在这里尽情地创作，也可以在这里逗留，没人会打扰你。我们尊重你在这里的一切创作。"

将美术室布置得漂亮些，有助于滋养儿童的感官和心灵。有条件的话，可以把色彩斑斓的颜料装在透明罐里，也可以在美术室里放一些茂盛的绿色植物，或者在窗台上放一些玻璃罐，并在玻璃罐里放些闪闪发光的东西，这样阳光照在上面就会显得熠熠生辉。在书架上放些贝壳、石头、树枝，或者把它们挂在墙上。另外，还可以收集一些新奇的玩意儿，例如，一束羽毛、一筐海玻璃抑或一个废弃的鸟窝。再有，可以把画笔放进陶瓷罐。总之，要创造一个能激发儿童想象、唤醒儿童感官的空间。

在创建美术室时要铭记，我们怎样看待艺术实践就会创建怎样的美术室。芭芭拉·伯林顿（Barbara Burrington）写道，"美术室"是一个"暗含工作、学习和艺术的称谓"（2005，56）。一间美术室代表一种儿童与他人探究艺术材料的方式。

布置空间

在邀请儿童进入美术室之前，你要将这里布置得有助于他们集中精神、保持注意力。桌子上除了探索活动初始所需的材料，其他什么都不要放。要将材料整齐、漂亮地摆放在桌子中央，如几瓶颜料罐、一块没有包起来的黏土。简单划定每个儿童的工作区，例如，在桌子上给每个儿童放一张白纸，白纸上面横放一把刷子，或者给每个儿童铺一块摆弄黏土时用的防水布。这样的布置可以吸引儿童全神贯注地探索艺术媒介。

如果想在桌子上铺一层东西，就可以用塑料桌布或大张包装纸。颜色不要太鲜艳，尽量用素净一点的颜色，如用黏土创作、米色或黑色，上面尽量不要有图案，否则会"喧宾夺主"。桌布或者盖在桌子上的包装纸应尽量突出桌子上的材料及儿童的作品，而不是分散他们的注意力。

关于美术室中音乐的选择，同样应着眼于创设有助于儿童集中注意力的静谧环境。你也可以选择不放音乐。如果美术室是在一间大教室里，那么你可以播放轻柔、舒缓的乐曲，帮助儿童集中注意力。

活动开始之前，你要想好如何做清理工作。儿童在画完手指画或者用黏土创作之后，怎么洗手？怎样把手擦干净？在哪里晾晒作品？怎样处理黏土碎屑？如何给儿童的金属丝作品贴标签？在邀请儿童进入美术室之前，你需要想好如何清理废物和整理作品并制定一个制度，以防第一个儿童活动结束时还不知道怎么收拾。

材料、媒介和过程

有些材料适用于各种艺术探索活动，有些材料只适用于一些特定的艺术媒介。后面每章都提供了一个材料清单，逐一地列出特定探究活动所需的材料。你可以参考这些清单来布置美术室。

收集材料的地方很多，例如，五金用品商店、厨具用品商店、旧货店、美术用品商店和学习用品商店。你还可以在互联网上搜索一些公司，从这些公司订购材料。

召集儿童

我们希望班里的所有儿童都有大量的机会探索每一种艺术媒介，希望每个儿童都有充足的时间和空间在教师的关注和支持下与艺术媒介建立深厚的关系。要想实现这一点，就不能让儿童争抢材料和教师的注意力。最好采用小组的形式开展活动，并且每个小组不超过6名儿童，4名

儿童最适宜。

对教师来说，限制小组的规模可能是一项艰巨的任务，因为大多数班级的小组人数都超过6人。下面是教师在带领小组儿童开展美术探索活动时使用的一些策略。

- 如果班上有两名教师，那么可以在自由活动时间，让其中一位教师带领一组儿童进入美术室开展探索活动，另一位教师带领其他儿童开展活动。教师也可以选择在小组活动时间组织儿童进入美术室。
- 要求每位家长每隔几个月抽出一小时来班里和儿童一起活动。这样，即使每周只有一位家长帮忙，教师也可以确保自己每周都有时间带领一组儿童在美术室活动。
- 请幼儿园里的流动教师（floater）[1]到班里帮忙，让班里的教师有机会带领小组儿童到美术室探索。
- 在一些半日制幼儿园，教师可以通过交换上班时间来定期支持彼此的工作。例如，负责下午班的教师通常在上午做课程计划和准备工作，如果每周能在上午去班里帮忙一两次，这样一来，上午班的教师就可以和一组儿童一起在美术室进行探索了。同样，负责上午班的教师可以利用备课时间为下午班的教师提供相同的支持。
- 在一些托幼机构中，行政人员每周也会到班中帮忙一到两次，这样可以提高班里的师幼比。

当召集儿童到美术室时，你可以让这一组儿童自始至终保持一致的步调：一起走进美术室，一起待在美术室，直到每个儿童都完成了探索活动并将美术室清理干净。你也可以采取流动的方式让儿童进出美术室：一组儿童进入美术室，剩下的儿童在教室里活动。美术室中的每个儿童按照自己的步调工作，完成后将自己的工作区清理干净，然后回到教室叫下一个

---

[1] 没有固定班级，在各个班流动，哪里需要就去哪里的教师。——译者注

儿童到美术室。上述两种方法,无论你采取哪种都可以,但最好在开始前就想好如何清理。

观察、记录每个儿童在美术室中探索的艺术媒介,确保每个儿童都能充分地探索每一种艺术媒介。

向儿童介绍新材料

如果像介绍一位新朋友似的向儿童介绍一种新的艺术媒介,并期待这种新媒介会成为他们的好伙伴,那么会有什么效果呢?如果每介绍一种新媒介都会引起儿童的强烈期待,如颜料、黏土或金属丝,情况又会怎样呢?

我很高兴地看到你今天在美术室里活动。我希望你能了解颜料,例如,用手触摸它是什么感觉,它在纸上怎样流动,把不同颜色的颜料混合到一

起如何创造出新颜色,等等。放松点,我会给你们展示开始时要怎样操作。

介绍时,你的语言要简洁、直接,起到导入活动和集中儿童注意力的作用。

你们都是艺术家,需要了解一些工具的使用方式。今天,我们要探索一种艺术家们经常使用的、非常重要的泥塑工具。知道怎样使用后,你就可以在自己的创作中使用它了。

在向儿童介绍时,最好使用专业术语,帮助他们掌握艺术媒介和材料的确切名称,例如,蛋彩画颜料、2号画笔或者排出了气泡的黏土。通过这种方式,他们可以学会一套完备的、准确的艺术词汇,了解各种艺术媒介并能与同伴具体、明确地交流。

教师在艺术探索活动中扮演的角色

要想了解教师的角色,首先应明确美术室探索活动的目标,包括:

- 引导儿童广泛地接触各种艺术媒介和材料,探索它们的颜色、质感、运动方式、线条、曲线以及空间结构所蕴含的美感、所带来的感官体验。
- 培养儿童具备艺术家和科学家的品质,例如,认真观察,关注细节和细微差异,有目的、有意识地创作。希望儿童不断反思自己的经验,并利用这种反思指导自己的探索活动。引导儿童尊重彼此的工作，学会合作。
- 促进儿童掌握与各种艺术媒介相关的知识和技能，并能够自如地运用它们。
- 引发儿童之间的对话，希望他们学会采纳别人的观点，加深彼此之间的关系。

在这些目标的指引下，你在儿童的美术室探索活动中将扮演一些具体的角色。

本章及后续章节都针对教师如何与儿童沟通提供了一些建议。从表面上看，这些建议是一连串的问题和启发；但在现实生活中，这些问题可能会在任何教师与儿童的谈话中出现。本书提供了各种各样的建议，帮助你大致了解教师与儿童在实际情境中可能发生的各种对话。但是，不要期待这些对话一定会出现在某次探索活动中，也不要把这些建议作为必需的评论或者指导清单。

当儿童探索某种艺术媒介时，教师的喋喋不休会是一种极大的干扰。想象一下，当你沉醉于黏土或水彩画创作，沉浸在感官体验和思考中时，教师在一旁讲个不停，你会有什么样的感受。教师偶尔轻声地提出建议，将有助于儿童深入地探索，不断地指导或询问则会打断儿童的思绪，令他们恼怒。

我的一位同事曾经指出："我们认为，如果我们不问孩子们问题，他们就没有进行学习。"她的观察向所有教师提出了挑战：我们能否让自己从说话者转为倾听者，从指导者转向邀请者？如果我们相信儿童能够注意、反思、好奇、实验、假设和独立创造，那我们将从儿童身上学到什么、了解到什么呢？

我们在与儿童谈话时应该考虑周到、小心谨慎，要与儿童进行真正的交流。在艺术探索活动中，我们可以轻声地提醒儿童注意艺术媒介的有趣之处，分享某一发现，或是邀请儿童尝试一种探索材料的新方法。同时，不必要求儿童一定要口头回答我们。我们不仅要用口头语言，还要通过观察儿童的双手与艺术媒介的互动以及他们注视的焦点或心不在焉的状态来倾听他们的所思所想。

下面阐述了艺术探索活动中教师与儿童互动的具体方式。

鼓励儿童放慢速度，进行长时间的探索。

你可以在这里多探索一段时间，这样才能真正地了解蛋彩画颜料。

我太佩服你了！你花了这么长时间探索黏土，这是艺术家做的事。

有时，儿童会匆匆地画完一幅画或者制作完一个泥塑，接着又画另一幅画或者制作另一个泥塑，急于创作更多的作品。当你看到这种情况或者感觉他只是专注于艺术创作的表面时，你可以让他停下来，重新专注创作活动。下面列举了一些例子，供你参考。仔细研究这些例子以及书中提到的其他例子，注意这些话语中隐含的语气、意图以及价值观。这些例子有助于你开启与幼儿的对话，慢慢地，随着时间的推移，你将找到属于自己的独特的交流方式。

我看到你很快画了很多画。如果你在一幅画上多花些时间，会发生什么呢？

在你宣布画好之前，让我们再看一看你的画，看看你想不想增加点什么或者改变点什么。

另一个让儿童放慢速度充分进行探索的方法是，调动他们的全部感官进行探索。

颜料在纸上是怎样流动的？

把黏土放在皮肤上，感觉很凉吗？

我想知道，你会如何描述黏土的气味。

看，不同颜色的水彩是如何打着旋涡到一起的。

听一听，用手碾压黏土时发出的声音。

引导儿童留意他们作品中的不同元素，提醒他们关注你看到的细节，鼓励他们近距离观察作品。

我发现你在纸上轻轻地按了几下画笔，画出几条细细尖尖的线条。

黏土变得越来越软，更容易塑型了。

你把金属丝几乎折成了两半。

向儿童提问，引导其反思自己的作品。

你把黏土搓成了长条状，你能告诉我，你想用它做什么吗？

你在画上点了这么多小点，你要做什么呢？

使用水彩画颜料时，你发现了什么？

引导儿童关注同伴的工作，帮助他们了解同伴的发现，鼓励他们为彼此提供资源和指导。

帕蒂安发现了使用工具的新方法。我们先暂停我们的工作，休息一下，让她教教我们吧。

你是不是想把管子绑到盒子上做一个烟囱？我看到亚历克斯的建构物上有一根管子。我打赌，他肯定能告诉你如何把管子固定住。

指导儿童运用某种艺术媒介或工具。儿童需要教师直接指导他们使用艺术材料和媒介。教师应时刻关注儿童遇到的困难，并及时给予具体的指导。

我看你在把胶带从胶带盒上撕下来的时候有点费劲，我给你演示一下怎么做吧。

给你介绍一种新工具，它可以帮助你完成这件泥塑作品。

偶尔，儿童使用艺术工具的方式会出乎你的意料，例如，在画笔柄上蘸一点颜料，然后在纸上画线条。遇到这种情况时，先观察几分钟，了解他想要做什么。他是在探索使用工具的新方法，还是在借助这种工具来发现某一艺术媒介的重要特性？一旦明白他在做什么，你就可以和他一起思考。

看一看你用画笔柄画出的细线条，它跟你用画笔头画的细线看起来完全不同。

用坚硬的工具画画是不是很有趣？和柔软的画笔头画出来的不一样，它画出来的线条更有力度，颜色更浓烈。试试其他像画笔手柄一样坚硬的工具吧。细树枝怎么样？金属丝呢？

有时，儿童不同寻常的工具使用方式会把工具损坏或是把材料搞乱，例如，把一根细画笔插到黏土里。发生这种情况时，你要耐心、温柔地告诉他怎样做才是最佳的使用方式。

细画笔是用来画线条、涂颜色的。如果把它插到黏土里，刷子上的毛就会粘到一起，和黏土搅成一团。此外，黏土里也会粘上刷子毛。所以，还是用画笔画画，用黏土进行泥塑活动吧。

同时，要为儿童提供更适合他们使用的工具。

你是不是想在黏土里打一个深深的洞，像隧道一样？让我们一起找一找，看看哪种工具能帮你完成这项工作。

当儿童进行探索时，和他们待在一起，尽量不要在房间里四处走动。你可以坐在他们旁边，和他们一起画画或做雕塑。实际上，和儿童坐在一起就是在告诉他们艺术创作十分重要，值得我们坐下来全神贯注、不慌不忙地仔细研究。相反，我们如果在美术室里四处巡视，时不时地做一些清理工作或者俯身查看儿童的作品，就会分散儿童的注意力，干扰他们创作。

保持工作区整洁并富有吸引力。当儿童工作时，时刻留意桌面。你可以悄悄地清理桌面，避免儿童因桌面杂乱而无法专心工作。你也可以引导他们关注反复出现的问题,帮助他们掌握处理问题的最佳方式。

你的画布总是从桌子上滑下来,当它滑下来后,上面的黏土也会随之掉到地上。注意布的边角,一旦发现它快滑到桌边,就赶紧把它拉回去。

注意时间,确保儿童有足够的时间完成创作。

时间快到了,你们该想一想如何结束今天的黏土创作。

清理工作开始之前,不要让儿童从事新的活动,这一点非常重要。因为工作刚开始不久就停止,会让儿童非常沮丧。

这是你们画的最后一幅画了。因为要吃午饭了,没有时间再画了。

掌握某项探索活动需要的时间,以便在下次探索时知道大概安排多长时间,方便做计划。

在艺术探索活动中思考,假设你是一名儿童,正在学习如何使用一种新的艺术媒介,你希望从老师那里获得哪些有用的信息。你可能希望老师教你使用工具和材料的具体技巧,希望老师在你遇到困难时给你一些温柔的点拨,希望老师清楚地指导你如何操作不熟悉的艺术媒介,同时又能深切地尊重你努力应对新挑战的能力,希望活动结束时自己的能力增强了,方法增多了。如果老师只是偶尔瞥一眼你的作品,给出一些诸如"很不错""很有趣的颜色"之类空洞的评论,那么你可能会感到沮丧。所以,正如我们自己作为学习者时希望从老师那里所获得的一样,我们应该慷慨大方地给予儿童具体的指导,并且表现出对他们的尊重。

清理

在艺术探索活动开展之前,就要想好清理工作,并在儿童到达美术室之前,制定好清理的程序。在接下来的各章中,我们会针对各种特定的艺术材料提出清理建议。

首先，在布置美术室时要考虑把儿童的绘画作品、雕塑作品、拼贴作品或搭建的建构物放在哪里，以及怎样以最佳方式完整地保存它们。例如，由于蛋彩画颜料容易流动，因此你需要准备一个晾干架，将儿童画的蛋彩画平放在上面。另外，如果儿童想要第二天继续进行泥塑活动，那么该怎么办呢？可以准备一些塑料布，把它们盖在黏土上，保持黏土湿润。总之，在布置美术室时，要想好如何晾干和储存儿童的作品。

其次，考虑如何给儿童的作品做标记。再次重申一点，保持儿童作品的完整性很重要。我们经常在儿童的绘画作品上写下他们的名字，现在可以考虑写在作品的背面。用圆珠笔写比用记号笔写更合适，因为用记号笔做的标记会渗透到画纸的另一面。如果是做泥塑，那么可以把儿童的名字刻在作品的底部。如果是开放性材料、拼贴作品或者金属丝作品，那么可以把儿童的名字写在胶带上，然后把胶带粘在作品上，便于摘除。

在为儿童的作品做标记时要切记，我们想让人们关注的是作品本身，而不是写在作品醒目位置上的名字。如果儿童想自己做标记，那么可以给他们一支圆珠笔，让他们把名字或记号标在作品背面，或者写在胶带上，然后粘在作品上。我们既尊重儿童想把名字写在作品上的愿望，增强他们对自己创作的艺术作品的自豪感，也希望人们将目光聚焦于作品本身。

延伸活动

引导儿童重新审视作品

鼓励儿童在美术室探索，时间可持续几天或几周。随着时间的推移，当回顾作品时，他们可以从不同的角度进行审视，进而决定是否添加内容或做一些修改。

建立储存和标记系统，便于儿童保存作品、回顾作品和再次创作。有些托幼机构使用储存卡片——一种简单的索引卡片，上面写着儿童的名字。儿童可以把储存卡片贴在自己的作品上，表示他们想要保持作品现在的样子，以后还会回来继续创作。另一些托幼机构则在美术室中摆放一些壁橱，供儿童把未完成的作品存放在里面。美术室的储存系统要足够灵活，可以容纳各种形式的艺术作品，如绘画作品、泥塑作品、金属丝作品、使用开放性材料建构的物品以及画架画。这一储存系统向儿童传达了一种信息，即老师希望他们日后重新欣赏自己的作品。

教师可以主动建议儿童把作品先储存起来，稍后继续创作。如果儿童声称已经完成创作，那么可以先让他休息一会儿，然后鼓励他回顾自己的作品，看看有没有需要添加或修改的地方。

先喝杯水吧，待会再回来，看看还需不需要再画点什么。

建议儿童花几分钟时间看看其他小朋友创作的作品，看看能否为他自己的艺术创作带来一些灵感。你也可以建议他邀请一位好朋友来看看他的作品，并请这位好朋友提出想法和问题。

你是否想和一位好朋友一起看看你的作品呢？你的好朋友可能会提出一些问题或想法，让你更好地思考你的作品。

如果清理时间快到了，儿童还忙于创作，那么可以告诉他先把作品存起来，以后再创作，这样儿童就不用急匆匆地完成作品了。

教师不用刻意强调长期创作、反复回顾的重要性，以阻止儿童继续匆忙完成作品或者将作品带回家。相反，我们的目的是要营造一种时间很充裕的感觉，让儿童可以沉浸在艺术探索活动中，与艺术材料进行轻松且富有思想的对话，慢慢地展开创作。

提供探索同种艺术媒介的不同机会

为儿童提供各种不同的机会去探究同种艺术媒介或材料,这一点非常重要。正如你与朋友在多次交谈、分享彼此的经历、互诉彼此的故事之后才建立起深厚的友谊一样,儿童也要经过多次探索才能逐渐熟悉某种艺术媒介。

设计多种方式让儿童探索同一种艺术媒介。开始时,先邀请他们进行感官探索,无须过多地指导他们。例如,探索黏土时,先感觉它是冰冷、坚硬的,接着通过揉搓、敲打和踩踏感受它的韧性。继而探索黏土和水混合会发生什么情况,可以先加一点儿水,再加一点儿,再多加一点儿,直到最后看不到黏土,只看到一团黏稠的糊糊。最后,探索将黏土贴在脸上、用黏土把胳膊包起来或将黏土糊在脚上的感觉。

基于上述感官探索,组织儿童进一步开展其他探索活动。例如,可以运用哪些工具探索这种艺术媒介?怎样运用这些工具?如何用这种艺术媒介进行表征?在这些探索活动中,教师需要指导儿童像学徒一样学习工具的具体使用技巧。

此外,还可以通过让儿童布置美术室来促进他们熟悉某种艺术媒介。例如,画水彩画、做泥塑以及用开放性材料搭建物体都需要哪些材料?应该把这些材料放在哪里?怎样在桌子上摆放这些材料才最合理?活动结束之后如何清理这些材料?我们的目的是促进儿童熟悉各种艺术媒介,以便他们可以自始至终地运用艺术媒介完成一项艺术创作,包括搜集材料、布置美术室以及按照自己的想法创作。

鼓励儿童用多种方式再次表征同一想法或经验

鼓励儿童运用多种艺术媒介再次表征他们的想法或经验,不断扩展其思维。例如,引导儿童为泥塑作品画一张黑白素描画,或者把用记号笔画的画变成一幅水彩画。这样的活动可以持续几天。实际上这也是一种让儿童多花些时间进行创作，并将注意力集中于创作过程而不是最终成品的策略。

儿童运用不同的艺术媒介进行不同规模的创作，或者把二维作品变成三维作品，实际上也是在以全新的方式重新审视自己的作品。通过这些方式，他们获得了不同的视角，注意到了新的细节，重新理解了作品中各元素之间的关系，深刻感受到了颜色、线条或质地的作用。可以说，对想法或经验的再次表征促使儿童迸发出新的思维。

纪　　录

书面记录儿童的艺术探索过程

对儿童而言，艺术探索是一种丰富的学习经历。例如，了解某种艺术媒介的特性并探索如何使用它，就是在进行科学探究。互相分享自己的发现、艺术媒介的使用策略以及共同创作一件作品的过程，就是在进行合作、建立友谊。此外，艺术探索还要求儿童集中注意力并运用一定的身体动作技巧，从而刺激儿童的感官和情绪，愉悦他们的双眼、双手和心灵。

艺术探索蕴含诸多值得讲述的故事，包括适合儿童听的有关他们自己的故事，适合家长听的有关儿童进行艺术学习的故事，适合幼儿园行政人员和参观者听的故事（这些故事可以帮助他们了解艺术在儿童教育中的作用）。书面记录就是讲述故事的一种方式。

在早期教育领域，人们越来越重视有关儿童探索与学习过程的书面记录。有些托幼机构将这种记录作为评价儿童发展的一种正式手段，有些托幼机构运用这种记录来制订课程计划，还有些托幼机构通过这种记录把儿童工作和游戏的故事展示给家长、参观者或者儿童自己看。

倘若你所在的托幼机构非常注重运用检核表或其他正式的儿童发展评价工具,那么你可能会感到十分沮丧,因为这样的评价工具完全脱离你与儿童的日常生活经验,如奇妙的探究活动、捧腹的大笑、获得胜利时的成就感、感动的泪水、令人兴奋的发现以及对气味、质地和纷繁杂乱的世界的探索。这些故事需要有人讲述给大家听,而你就是那个人。我希望你成为讲故事的人,通过这种方式表达对儿童和你自己的深切敬意,倡导对儿童权利的尊重。儿童的故事应当成为托幼机构的基石,而非仅仅是检核表和评价工具。教师要致力于通过反思性记录让儿童的经验可见,同时这些记录反过来也可以作为评价儿童时的参考。因此,我们应该把儿童复杂而有质感的经验作为教学和档案记录的核心,而不应仅提供适用于评价需求的材料和活动。下面的内容和之后各章提出的指导建议,将有助于你讲述儿童的艺术探索故事。

如果你所在的托幼机构没有这方面的记录,那么本书的指导建议可以帮助你尝试这样做。如果你所在的托幼机构已经创建并反思了这样的书面记录,那么这些指导建议可以促进你不断深入地实践。

收集书面记录的方法有很多种。你可以把书面记录放到一个活页夹里,然后把活页夹放到美术室里,或者放到教室里家长每天签到的地方。可以为每个儿童写一个日志,也可以将书面记录放到儿童的档案袋里,还可以把书面记录寄到每个家庭,或者将美术室的某项艺术探索活动记录下来并制作成一本书。以上这些收集和整理书面记录的方法都要尊重儿童的研究与探索发现。

你可以参考下面的书面记录框架来组织思路,讲述故事。首先,它通过一个生动的故事描述了儿童的探索和游戏活动。然后,它呈现了教师的反思,包括儿童探索活动的意义以及由此引发的联想。之后,阐述了下一步扩展与深化儿童的游戏及探索活动的计划。最后,与儿童家长对话,邀请他们与教师一起思考儿童的游戏。

讲故事

- 尽量描述细节，鲜活、生动地呈现故事原貌。
- 捕捉儿童的对话，记录他们的原话。
- 使用生动且富有感染力的语言以及规范的语法结构。
- 强调描述而不是解释说明。
- 使用儿童的素描画或者他们作品的照片。

时间：11月17号

早上来到美术室后，艾萨克和兰都想画画。他们穿上工作服，互相看了看对方，又看了看画架上的大白纸。

"我们一起在白纸上画画，好不好，艾萨克？"兰充满期待地邀请伙伴。

"嗯，当然要一起画！"艾萨克笑着答道。

于是，他们打开颜料瓶的盖子，把画笔放到一起，然后停了下来。

"画龙卷风怎么样？"兰提议。

"嗯，就画龙卷风，要画个大个儿的！"艾萨克表示同意。

接着，他们便开始画画。他们一起移动身体、挥舞胳膊、手臂环绕，在画纸上画满了不同颜色的旋涡。

"我们在一起就是艺术家，对吧，兰？"艾萨克问道。

"对，我们在一起就是艺术家！"兰回答。

反思故事

- 描述一下你是怎样看待这个故事的。
- 捕捉孩子们的观点。
- 反思物理空间和材料在这次探索中的作用。
- 思考儿童发展与学习理论。

兰和艾萨克同时进入美术室,他们都想画画。我原以为此时会发生冲突,例如,谁先画?另一个人需要等多长时间?不过,兰提议两个人一起画,避免了冲突的产生。她的提议让我和艾萨克都吃了一惊。但说实话,我不应该感到惊讶。兰和艾萨克是好朋友,他们在一起游戏时经常出现矛盾,但总能很好地解决。

我很好奇,他们将怎样协调画架空间不足的问题。即使画架很高,画纸也很大,但两个孩子并排站在一起,尽情舒展身体作画,还是会显得十分拥挤。于是,我开始欣赏他们作画,发现空间分享和创作过程才是他们作画中最重要的环节。在我看来,他们在一起创作的场景就像是在跳舞:伸展手臂,旋转身体,相互倚靠,退后一步,然后在画纸上尽情涂画。他们既进行身体上的互动,又一起与画架互动。

两个孩子之间配合默契的身体舞蹈动作和涂涂画画,强有力地说明了他们之间的深厚友谊。他们坚定地认为"我们在一起就是艺术家",这句话深深地感动了我。它体现了他们之间亲密的情感联结,而这种联结在他们合作绘画的过程中得到进一步增强。它也反映了我们的美术室探索活动所强调的一个重要价值观,即艺术绝不是某个人独自努力的结果,而是在相互合作中实现的。

阐述下一步活动计划

- 如何延伸儿童的探索、问题和发现?你会添加新材料吗?你会开展一些具体的活动吗?
- 这一探索活动给你提出了什么问题?你将如何深入地探究它?
- 怎样才能让儿童看到自己的学习?如何利用这一活动促使儿童进一步探索和反思?

我一直在想怎样才能进一步加强兰和艾萨克之间的艺术合作,怎样利用他们的合作促进其他儿童合作。于是,我把他们一起作画的情景拍成照片，挂在画架旁，并配上有关他们合作画画的故事。我还在画架旁的墙壁上添加了一个衣钩和一件工作服，暗示孩子们可以两个人一起作画。

我希望想出更多的办法来促进孩子们在探索每一种艺术媒介时都相互合作。下周，我们将要在美术室里探索黏土。首先，我会给孩子们足够的时间独自探索、了解黏土的特性，同时也会创造机会让他们共同探索黏土，进行泥塑活动。以前在师范学校学习时，我的老师告诉我，一定要给儿童提供充足的材料，让他们不必担心轮流使用或者和别人一起分享材料的问题。可是，当我成为一名教师后，我对这种传统的观点产生了怀疑。我发现，合作中蕴含着巨大的学习价值，尤其是在孩子们共同努力、共享成就的时候。兰和艾萨克合作画画的故事再一次激发我不断反思自己的教育实践，促使我为儿童创造更多的合作机会。

与家长对话

邀请家长分享他们的想法，请他们帮助你了解儿童的游戏如何与他们的生活、价值观以及文化相适应。向家长征求下一步活动的建议，你可以通过以下问题与家长对话：

- 您在其他情境中有没有看到您的孩子进行这类游戏或探索活动？
- 这一游戏是如何折射或者挑战了您家庭原有的信念、价值观或生活实践的？
- 您认为，这一游戏对孩子有什么意义？
- 这一游戏或探索活动的哪些方面让您很好奇？哪些方面让您感到惊讶？
- 您愿意和我们一起探索这个游戏所蕴含的理念吗？

我很想知道，您如何看待个人努力与同伴合作之间的关系。兰和艾萨克像艺术家一样合作作画，他们的做法符合您对孩子的期望吗？通过这个例子，您希望我们教师做些什么呢？我真心希望听到您的观点。您可以在

> 这个故事下面留言，也可以在我备课的时间给我打电话，或者发电子邮件告诉我您的想法。

书面记录既不过时，也不是最终的成品，而是一种用于交流、学习和倡导的有力工具。它具有如下广泛用途：

- 教师可以与儿童分享书面记录，与他们一起阅读上面的故事、欣赏照片。当儿童以这种方式回顾自己的经历时，他们往往会以一种全新的视角重新进行创作，或者邀请其他儿童一起丰富之前的创作。他们会重新思考自己原来的想法，形成新的认识。
- 教师可以与家长分享书面记录。书面记录里的故事为家长打开了一扇窗，使他们可以了解孩子的在园生活经验，同时激发家长提出自己的想法和疑问，帮助教师不断改进教育实践。
- 书面记录满足了托幼机构对教师提出的关于记录儿童学习的要求。这些由观察与反思构成的故事详细地描绘了儿童的所思所想、他们彼此之间的关系、他们的身体与感知觉发展以及他们的语言发展情况。
- 教师可以将书面记录当作推动社会变革的工具。书面记录中有关儿童探索和游戏的故事可能改变人们对童年的理解和看法，有助于教师与其他早期教育从业者、托幼机构的评估者以及社区人员分享书面记录，倾听儿童经常被忽视的心声。
- 教师利用书面记录来记录自己、儿童和家长共同的经历，一起参与到故事中，为共同体的形成奠定基础。书面记录讲述了所有参与者共同经历的故事，而这些故事交织在一起便成为共同体的基本架构。

后面的每一章都提出了一些具体的问题和建议，以指导你创建书面记录。撰写故事，让别人看到儿童的经验，同时时刻牢记自己工作的深远意义。讲述故事本身就是在表达对儿童、自己以及整个团队的尊重。

展示儿童的作品

展示与书面记录不同。书面记录是收集观察笔记、照片、儿童对话的转录文字以及作品实例的过程。把这些内容组织到一起就形成了一个个书面故事，从而使儿童的经历鲜活地展现在读者面前。展示是指进行视觉布局，通常规模较大，内容包括图画、印刷品、雕塑、照片、儿童及教师的观察和反思、参观者提出的疑问等。展示的目的是创建视觉效果十分美观的展示平台，使参观者近距离欣赏儿童的作品，重新理解儿童作品的意义。

展示是一种艺术。尤其是展示艺术品，更是一种艺术。无论是在公告栏、教室墙壁还是在长架上展示，我们都可以富有创意地讲述儿童进行艺术探索的故事。展示是一种视觉艺术。照片、印刷品以及儿童的作品都是展示的主要内容。文字是次要内容。如果要展示你所做的书面记录，那么可以将其放在展示区的一侧而非中心位置。

作品展示可以吸引家长、参观者和儿童的注意力，引发人们进行对话和交流，促使人们重新洞悉儿童作品的意义。它可以激发儿童及其家长产生自豪感。此外，它还可以促进儿童重新审视自己的作品，并吸引家长和儿童一起进行审视。

至于用什么方式展示，要看你想通过展示讲述什么样的故事。你想讲述儿童对颜色的感官探索过程，还是儿童利用颜色表征经验和观察到的事物的过程？抑或儿童掌握某一工具（如画笔）的过程？作品展示要讲述一个具体的故事。选择照片和儿童作品让故事鲜活、生动地呈现在大家面前。后面的每一章都提出了相应的建议，指导你展示儿童的艺术作品，使其能讲述引人入胜的故事。

展示作品时，应牢记如下基本原则：

- 背景采用中性色。可以考虑把奶油色或者象牙色的纸，抑或未染色的粗麻布覆盖在公告栏上。如果你想自己打造一块展示板，那么最好选择黑色或者白色的板子。中性色背景可以将参观者的目光聚焦于图片和文字。
- 把儿童进行艺术创作时的特写照片放在上面,照片越大越引人注目。
- 文字描述尽量少。简明扼要地概述一下此次展示的背景,重点突出儿童的观察和反思,以及你对儿童工作的观察和洞悉。
- 如果想把文字打印出来,最好用大号字体(18号或20号)。如果想手写这些文字,那么字最好是黑色的,而且要大一些、粗一些。
- 设置一个标题,如"太阳花的画像"或"探索线条与形状",突出展示活动的主题。
- 将儿童创作的二维平面作品(绘画作品)"装裱"在一张黑纸上,这样作品四周就有一小条简洁的黑框,使作品更加引人注目。
- 将诗歌或其他形式的文学作品融入儿童的艺术作品展示。例如,可以邀请儿童创编一首诗歌或一个故事,配在他们画的壁画旁边。也可以从作家们已经发表的作品中选择一篇与本次展示的元素有关的文章,例如,玛丽·奥利弗(Mary Oliver)的诗歌就与描绘大自然的画作或泥塑作品很契合。
- 把问题写在展示板上,引导参观者反思儿童的作品。要求参观者将自己的经历与儿童的艺术创作联系起来,或者要求他们从一种独特的视角研究儿童的艺术作品。在展示板上留出一点空间,便于参观者将自己的意见和疑问写下来,也便于你和儿童稍后做出回应。

创建档案袋

艺术家常用档案袋来保存自己的代表性作品,以便在需要时可以重新审视自己之前的工作,了解自己一直以来的创作主题、使用过的不同技巧以及作品的变化等。你可以为儿童创建档案袋,比如使用硬纸板制作一个画架大小的文件夹,收集儿童的代表性作品,如绘画作品、立体作品的照片等。你也可以和儿童一起商量要在档案袋里放哪些东西。通过这种交流,

第 1 章　美术室探索活动的基本原则

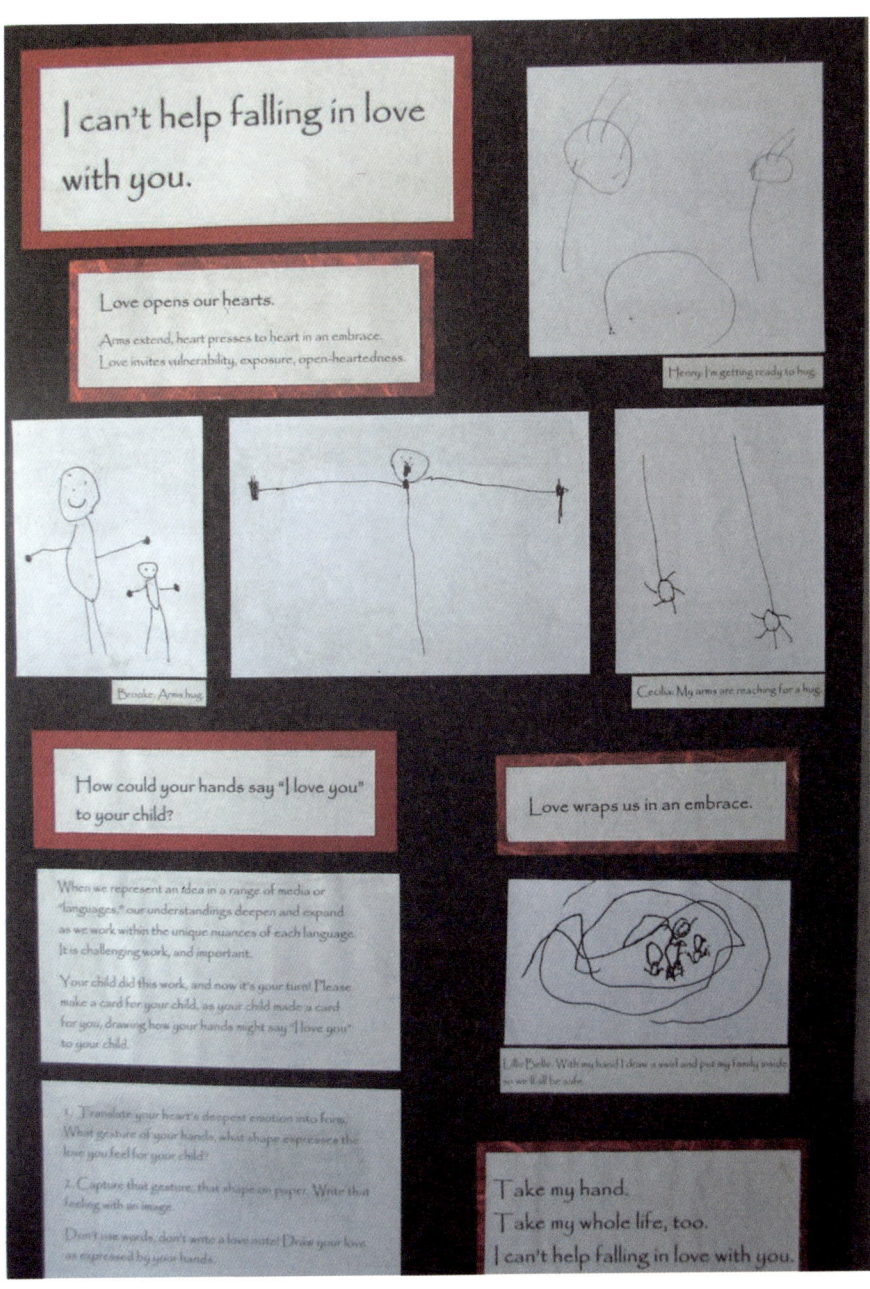

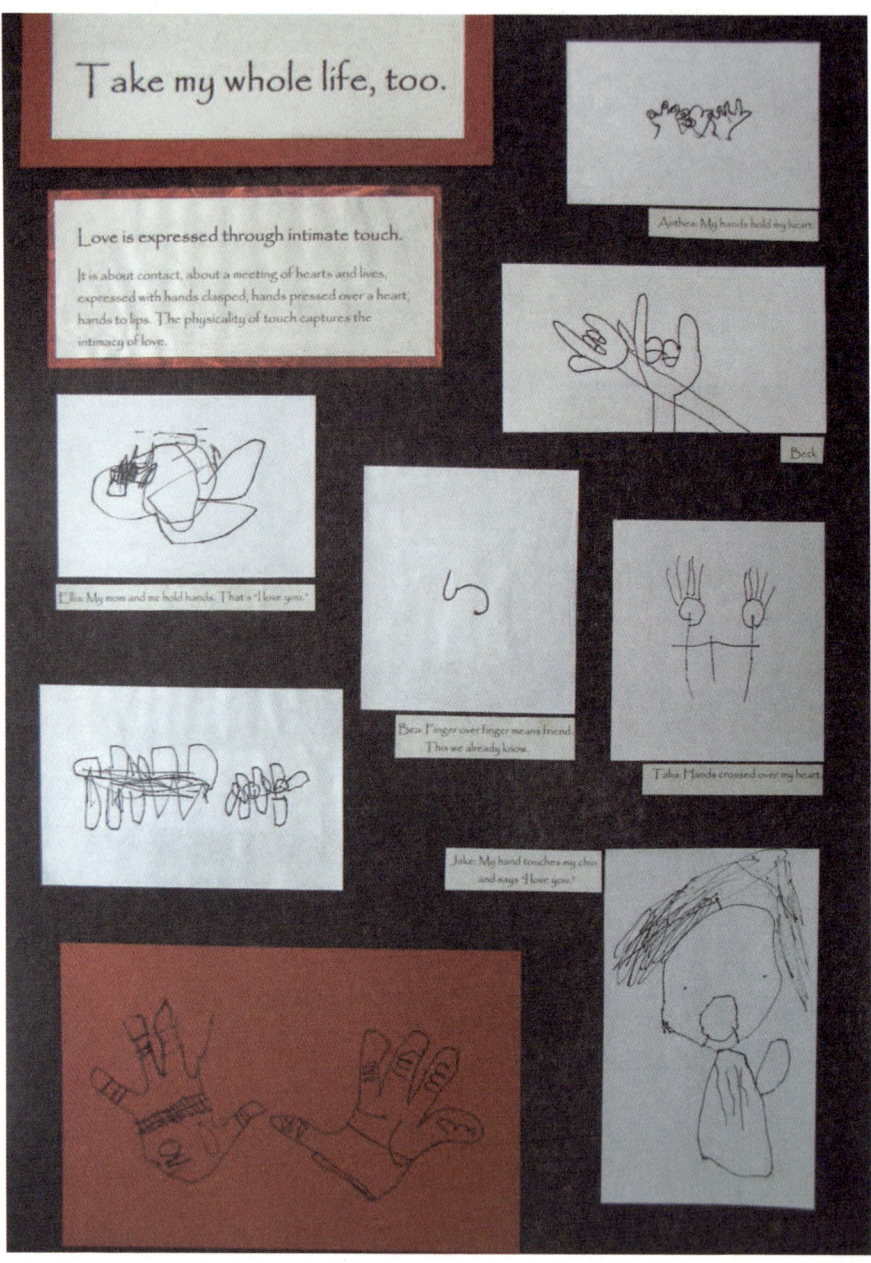

你既可以强调儿童作品中的重要元素,也可以了解儿童认为自己的作品在哪些方面比较重要。

> 我想把你的这幅画复印一下,放到你的档案袋里。我看你一直在努力学习怎么画人的侧脸,并且画了很多遍。现在,我觉得你已经知道怎么画了!这幅画表明,你会画了。

> 这是你用金属丝制作的第一个雕塑。我想把它拍下来,也想把你的创作想法写下来,然后把它们一起放到你的档案袋里。关于金属丝创作,你希望人们了解些什么呢?

每隔一段时间(如每六个星期)和儿童一起浏览档案袋,和他们一起反思作品反映了哪些主题、他们探索了哪些艺术媒介与技巧、作品发生了怎样的变化等,引导他们回忆创作时记忆深刻的事,说一说研究档案袋里的作品时获得了哪些新发现。边听边做笔记,儿童的想法也可以成为档案袋的重要内容!

对教师和家长而言,将儿童的作品保存在美术室或教室,而不是让儿童将它们立刻带回家,是一种全新的尝试。向家长说清楚,你这样做是为了让儿童有机会重新审视作品,进一步拓展他们的思维。请家长放心,到学年末或儿童离开幼儿园时,幼儿园会将全部的档案袋归还给儿童。

如果让儿童把作品带回家,那么不妨给家长提一些建议,告诉他们如何尊重儿童的作品。

亲爱的家长:

您的孩子为自己的艺术创作深感自豪。他倾注了大量的心血和努力进行创作。现在,他很高兴与您分享这些作品。创作时,孩子们常常会谈到你们:"我妈妈一定会喜欢这个漂亮的独木舟!""我爸爸看到我的画肯定会特别惊讶!"

我明白,当大量的作品如洪水般涌向您家时,您可能很难尊重它们。

建议您采取如下方法来肯定孩子带回家的作品：

❀ 在家里创建一个特别的展示空间，例如，在架子上摆放一两个雕塑作品（或绘画作品）和标签（例如，"一辆卡车　创作者：迪伦"）。和孩子一起决定在该空间展示哪些作品。

❀ 当孩子第一次把作品拿回家，或者架子上的旧作即将被替换掉时，为作品拍张照片或画张画，然后将照片和画收藏到相册中，并给相册起个名字，例如，"埃玛的艺术书"。

❀ 邀请孩子教您制作一件类似的作品，例如，一件雕塑、一幅画等。收集一些类似的材料，让他指导您建构、画画。把孩子描述的创作过程记录下来，或者将他描述的创作步骤画下来。

当您仔细观察孩子的作品时，您发现了什么？这些作品表达了怎样的主题？哪些细节令您惊讶或欣喜？您认为，我们下一步该怎样做？我们热切地期盼能与您交流。

　　邀请家长与你会面一起浏览档案袋里的内容，可以是一对一的形式，也可以是小组的形式。你可以定期安排这种会面。交谈时，你可以采用与儿童一起研究档案袋时的视角和家长一起审视儿童的作品。

　　作品的内容和它蕴含的艺术美感表达了怎样的主题？什么东西如此吸引孩子投入其中？哪种艺术媒介最吸引他？他创作中的转折点是什么？孩子的艺术创作历经几个月的时间，当您研究他的这些作品时，您注意到了哪些变化？

反思自己的工作

　　很多教师都不敢轻易说自己是艺术家。对大多数教师而言，使用真正的艺术材料，如油画棒、黏土或金属丝等，通常是一个全新的体验。他们忐忑不安地走进美术室，与儿童一起探索这一新领域。

不要等到自己对某种艺术媒介完全掌握了，才开始与儿童一起尝试使用它。当然，你自己可以先进行一些初步的探索。要大胆一些——大胆且准备充分而非毫无准备。你可以根据接下来每章提出的建议布置美术室，并邀请儿童一起探索艺术媒介。在探索过程中，你要保持好奇心和敏锐的意识。在此期间，你可能会遇到小麻烦，也可能会取得巨大的成功；可能在某一时刻感到非常不确定，也可能在某一时刻获得惊喜和发现。不管怎样，通过探索，你将建构新的理解，提出新的问题，并对自己探索这一新领域的能力充满自信。从现在开始，赶快行动起来吧！

教师反思是艺术探索活动的重要组成部分。每次探索活动结束后，你都可以利用本章最后给出的问题进行反思。这些问题可以帮助你进一步思考：哪些方面进行得比较顺利？哪些方面进行得不顺利？下一次应怎样调整？哪些地方按照原来的方法做就可以？这些问题也可以帮助你反思儿童的能力和你的探索过程，继续尝试更多的方式来了解儿童和你自己的能力。总之，反思不仅可以增进我们的理解，帮助我们熟悉美术室探索活动的常规，还可以促使我们创造属于自己的美术探索之路。

探究开始

上编的"美术室的探索活动"包括四章："探索质感与运动方式""探索颜色""三维立体媒介"和"具象画"。每一章都介绍了几种特定的艺术媒介，并指出如何在美术室探索这些艺术媒介。具体如下：

- **材料**：本部分罗列了艺术探索活动和清理工作所需要的材料。这些建议只供你刚开始探索时参考，随着时间的推移，你很可能会有自己的工作程序和策略。
- **布置美术室**：本部分给出了一些建议，告诉你如何摆放材料、布置工作桌。在儿童第一次探索某种艺术媒介时，最好为他们布置美术室；然后，在接下来的每一次探索中，指导儿童自己布置美术室，这样有利于儿童将自己看作美术室和艺术材料的主人，产生归属感。

在桌子上给每个儿童布置工作区时，也要在桌子上给自己留一块空间。如果桌面狭窄，那么可以在腿上放个小托盘，把材料码放在托盘上；也可以找个小架子把材料放到上面，然后再把架子放到桌角，供自己使用。这样一来，你不仅可以和儿童一起探索材料，还可以利用这些材料给儿童做示范。

- **探索与创造：** 本部分指出，在向儿童介绍艺术媒介并与儿童一起探索时，应遵循什么样的步骤，提出什么样的问题，以及强调艺术媒介的哪些方面，也针对探索活动提出了诸多详细、具体的建议。目的是帮助你明白从何处下手进行艺术探索。我期待你随着时间的推移不断修正和调整这些建议，创造属于自己的美术室探索活动方式。

  本部分还列举了多个实例用以说明，在探索活动中应该对儿童说些什么。我提供这些例子并不是希望你照本宣科，而是希望你了解怎样与儿童谈论艺术媒介才能激发他们积极地探索、反思与合作。当你能轻松自如地在美术室开展探索活动、使用艺术媒介时，你就能运用自己的语言与儿童交流了。

- **清理：** 本部分就如何指导儿童及时清理提供了一些建议。至于具体如何运用这些建议，你还要根据自己所处的情况来定。

- **纪录与展示：** 本部分介绍了如何创建书面记录以及如何展示儿童的艺术探索活动。在每章的该部分，我都列举了一个我在教学实践中所做的记录，以便与你分享我们应如何与家长交流儿童在探索过程中获得的品质和技能，以及我们应如何保留并展示儿童的美术室探索活动过程。

- **延伸活动：** 本部分就如何运用艺术媒介拓展儿童的学习以及增进他们之间的相互关系提供了一些建议。

反思性问题：开展自己的艺术探索实践

1. 儿童如何使用这种艺术媒介？他们聚焦于感官探索还是表征性活动？

2. 以下哪个因素阻碍了儿童的探索活动或者让他们在探索活动中分心？
   - 需要但尚未掌握的技巧
   - 设备或材料
   - 清理过程

3. 在指导儿童探索时，哪些方面进行得比较顺利？
   - 用语言描述材料
   - 给出建议和指导
   - 提出问题
   - 收集笔记和照片

4. 探索过程中，哪些方面进行得不顺利？你做了哪些调整？

5. 你对儿童的探索风格、应对挑战的方式以及他们的能力有哪些了解？

6. 你对自己的探索风格、应对挑战的方式以及自己的能力有哪些了解？

7. 你对这种艺术媒介有哪些新的认识？

8. 下次探索这种艺术媒介时，儿童可能会做什么？

9. 下次探索这种艺术媒介时，你想记住什么？

10. 关于这种艺术媒介，你还有没有什么问题要向其他教师请教？

第 2 章 探索质感与运动方式

探索手指画和画架画时，应努力做到

- 尊重儿童的身体语言表达方式，促使他们通过操作材料与材料建立关系。
- 和儿童一起沉浸于看似凌乱但能愉悦身心的感官探索活动。
- 为儿童提供各种机会，引导他们通过各种感官探索活动了解艺术媒介的质感和运动方式，为下一步的艺术探索奠定基础。

· 手指画
· 画架画

本章提供了一些典型的感官探索活动。在这些活动中，儿童尽情地摆弄黏糊糊的、湿漉漉的、光滑的和湿软的混合物，享受着感官愉悦和游戏的乐趣。这些活动绝不只是让儿童胡乱摆弄材料或者利用身体进行探索，而是强调通过感官探索为儿童打开一扇门，促进他们了解质感、密度、黏稠度、流动性以及柔韧性的细微差别。

这一学习以心理和身体上的好奇为基础，并在反思性观察中得以不断提升。儿童身心并用探索感官材料，识别并比较不同的质感，或者将当前的探索与之前的探索联系起来。这些实实在在的艺术探索活动引发儿童研究多种可能性，揭示材料之间的细微差异。儿童对于事物的理解因而变得具体化，而这种具体化的理解也是儿童心智能力的一部分。

本章，感官游戏、科学和艺术三条线编织成一股绳，帮助儿童理解质感与运动方式方面的细微差别。

手 指 画

手指画创作关注颜色、质感和运动方式。创作时,儿童在画纸上自如地挥舞手指、手心、手背、手臂和胳膊肘,尽情涂抹各种颜料。

材料

探索需要的材料

- 大量光滑的手指画用纸
- 将手指画颜料装在透明杯子或广口瓶里
- 给每个广口瓶或杯子配一把小勺子
- 每人一件工作服
- 一张普通的、中性颜色的塑料桌布或白色的厚纸
- 晾干架,可以把完成的作品放在上面晾干

清理需要的材料

- 一盆水或一个水池,供儿童洗手用
- 纸巾
- 垃圾桶

布置美术室

确保每个儿童的工作区周围都有足够的空间,便于儿童自由伸展手臂。在桌子上铺一块塑料布或白色包装纸,一方面方便清洗,另一方面让背景简单,使儿童专注探索而不被其他事物吸引。

给每个儿童分发一张手指画画纸,铺画纸时在周围留出足够空间。在

桌子中间放一些装有手指画颜料的透明杯子或广口瓶，并在每个杯子或广口瓶里放一把勺子。也许你会认为，把颜料放在透明瓶子里多余，它本来就在精致漂亮的瓶子里，但这样做的目的是让儿童一看到桌子就能透过玻璃杯或透明塑料杯看到里面的颜料，并被颜料吸引。这就好像举办晚宴，人们把饮料放在漂亮的容器里，而不是把它们放在商品包装袋里。这么做既有助于表示对来宾的尊敬，也有助于人与人之间的关系在桌边谈话、共进晚宴的过程中逐渐培养起来。

在工作区附近放置足量的手指画画纸，因为儿童创作时需要大量的画纸。

准备清理和洗手（包括手臂和胳膊肘）的地方。如果有水池，怎样使用水龙头呢？儿童的手上沾着各种颜料，如果用手拧开水龙头，那么水龙头不久就会沾上一层颜料。最好在工作桌边放些纸巾，让儿童先简单清理，然后到水池边洗手。或者让儿童拿着纸巾拧开水龙头，这样也要在水池旁放些纸巾。

如果没有水池，在地板上放一大盆水（在水盆下面垫一张纸巾，吸收溅出来的水）。在水盆边准备足量的纸巾，并在旁边放垃圾桶。

探索与创造

先让儿童选一两种颜料。这样探索效果最好，因为能让儿童发现同一颜色在深浅明暗上的细微变化以及不同颜色的变化。使用的颜色种类太多，就会显得混浊不清，形成棕色（如果想探索棕色，可以用真正的棕色颜料，且深浅明暗各不相同，这样才能保证棕色的纯正。我们不希望看到这种结果，即本来孩子想混合鲜艳的颜色创作彩虹，但却混合出棕色，因而感到很失望）。

颜料以两勺最适宜。儿童取颜料时，告诉他取多少。

先用两勺颜料怎么样？如果需要，你可以多加几勺。

如果要给他们加颜料，先问问他们想把颜料放在画纸上的什么位置，这样是为了尊重儿童，让他们自己决定。

你想把颜料放在哪里？指给我看。

很快，儿童会投入对颜料的探索中。此时，提出如下问题，启发他们思考。

用手指尖画画会是什么样？用指关节或者拇指画，又会怎样？

可以在颜料上画画，然后把它"擦掉"，重新画。

注意观察颜色。有些地方的红色很淡，接近粉色，有些地方的红色涂得很厚，看起来很深、很浓。

想再加一种颜色吗？刚开始用了一种颜色，试试看再加另一种颜色，会怎么样？

把黄色轻轻地点在蓝色上，会发生什么？在手指尖上涂上黄色，然后轻轻地掠过蓝色。

用自己的小红手与小朋友的小蓝手握一握，会发生什么？

你想把一勺颜料都涂在手上，不涂在纸上，对吗？

看看你涂的绿色。绿色有什么样的故事？关于绿色，我们应该了解什么，把它当作朋友吗？绿色代表的声音是怎样的？如果绿色是一个人，他会做些什么？绿色最喜欢的气味会是什么？绿色想去哪里参观？

颜料怎样在纸上流动。如果把一大滴颜料涂在纸上，会怎样？在手上滴一小滴，又会发生什么？

在画纸上涂颜色会使画纸变得越来越脆，出现很多小洞，纸的边缘也会有破损。为了防止纸张突然破损，让儿童暂停一下，然后把画纸从桌子上慢慢地拿起来，放在晾干架上。拿一张新纸给儿童，问他是洗手后重新画，还是不洗手继续创作。

探索应强调发现的过程以及探索颜色和质感获得的感官经验，而不应过于强调最终作品。偶尔，儿童会在手指画上蚀刻出一些图案，并希望将作品保存。但大多数情况下，他们都在探索颜料的运动方式和色彩的深浅明暗，而这也是我们应当关注的焦点。

实际上，可以采用另外一种方式创作手指画，即不用画纸，而是把颜料直接涂在白色包装纸、塑料布或者透明的塑料垫上。这样做是让儿童明白活动的重点是探索颜色和颜料的运动方式，而不是作画。塑料布上被涂满颜料时，可以把它取下来清洗干净，然后重新画，或者改天再把它拿出来，将上面的颜料晾干。如果使用透明塑料布，可以把塑料布挂在窗户或者日光灯前，当光线照在上面时，上面的色彩会显得更加绚丽夺目。

清理

如果有水池，先给儿童一些纸巾，擦一擦手和胳膊。把用过的纸巾扔到垃圾桶，用新纸巾拧水龙头，这样水龙头的把手就不会因沾上颜料而变得黏糊糊。清洗胳膊时，成人要随时准备给儿童提供一些必要的帮助。

如果没有水池，先教儿童如何在水桶或盆里洗手，这是初步清洗，旨在把手臂和手上的大块颜料洗掉，然后让他们走到水池边，把剩余颜料清洗干净。

纪录与展示

用手指画讲述故事的重点不在于最终完成的画作，而是创作过程。最终的成品只能反映活动过程中的某些片段，记录颜色的深浅明暗，书面记录则可以反映儿童的研究和探索发现。

收集书面记录的内容时，应特别关注儿童对颜料的运动方式及质感的探索。照片可以近距离地捕捉儿童布满颜料的手。开始探索颜料时，拍下儿童第一次触碰颜料时的情景，并在探索后期拍下他们手上沾满颜料时的情景。在儿童创作时，记录如下内容：

- 在纸上涂颜料时说了什么？创作时有没有讲什么故事？有没有将手指画的创作经历与其他经历联系起来？
- 创作过程中，他们如何移动自己的身体？
- 他们在探索颜色、运动方式和质感时获得了哪些发现？
- 他们如何与他人分享自己观察到的现象？如何互相验证彼此的发现？

展示作品时要选择引人注目、色彩深浅明暗不一的作品。如果儿童是在塑料布上作画，展示时可以直接使用这块塑料布，或者把上面的各部分拍成照片，凸显颜料的运动及色彩上的深浅明暗变化。也可以选择儿童小手的照片，讲述有关手部动作、研究过程以及感到愉悦的故事，另外还要配上一些文字，写下儿童说过的话以及教师的反思，如儿童获得了哪些关于运动方式和颜色的经验，创作时如何互相协作等。

时间：10月24日

　　美术室里的手指画探索活动……体验光滑、细滑、凉爽、黏稠、鲜艳和醒目的感觉。

　　埃迪："感觉好像在摸一块橡皮。"

　　雷文："我要把这幅画画完，手上全是颜料！"

　　埃迪："哦，太糟糕了。"

　　雷文尝试在画上画出一些线条："像不像管道或者卷起来的垫子？"

　　雷文和埃迪创作时比较安静。他们除了偶尔会感叹新的发现或表达自己的喜悦心情之外，基本不说话，完全沉浸在对颜色、质感和运动方式的感官探索中。

　　看，埃迪的手指多么灵活，就像在舞蹈一样。他一只手涂黄色，另一只手涂红色，然后轻轻地、一点点地将两只手靠拢，直到两只手相聚在画纸中央。

第 2 章　探索质感与运动方式　041

　　雷文要擦掉手上的红色和蓝色颜料时，突然发现手上出现了紫色，凉凉的、润润的、滑滑的。看着自己创造出来的新颜色，雷文开怀大笑。

　　随着探索活动的推进，埃迪和雷文对质感和运动方式的理解日益增强。最后的画作反映了他们双手的动作轨迹，而他们的双手也永远铭记颜料光滑而细腻的感觉。

延伸活动

可以运用手指画颜料进行如下活动：

- 邀请儿童表达和记录情感：惊恐的双手怎样滑过画纸？生气的手、好奇的手、兴奋的手又是怎样的？
- 记录疯狂的身体动作游戏：重新设计的追逐游戏、摔跤游戏和捉迷藏游戏。
- 增强儿童与同伴的关系或者探索如何相互协作：一组儿童在一张大纸上创作，每人用一种不同颜色的手指画颜料。创作时，儿童身体离得很近，手臂交叠碰撞，肢体相互触碰。有时，他们还会商量如何在画纸上涂抹颜料。

画 架 画

在地板或桌面上作画可以激发儿童探索更多种颜色。画架画则强调对运动方式的探索，包括儿童手拿画笔时的手臂运动以及颜料在画纸上的流动。作画时，儿童在画架上一笔一笔地大胆涂画，眼神在画纸上来回移动，重心在左右腿间不断变换。他们从不同的角度审视画作，或远观或近看。可以说，在画架上作画好似跳舞，是儿童与颜料的肢体交流。

材料

探索需要的材料

- 画架：在地板上支一个画架，两个儿童同时作画，一人一边。也可以把画架放在桌面上，或者用一张大纸替代，把大纸贴在墙上，增加工作区的数量。
- 将纸固定在画架上的夹子。
- 装在透明的罐子或杯子里的各色蛋彩画颜料。
- 放在颜料罐里的粗柄画笔。
- 用于盖住颜料罐的盖子或塑料薄膜。
- 放在画架附近便于儿童取用颜料罐的架子或小车。
- 不同大小的画架用纸。
- 给每个孩子的罩衫。
- 在画架下铺设的防水布，接住滴落下来的颜料。
- 用于晾干画作的晾干架。

清理需要的材料

- 用于清洗画笔的盛有少量水的水桶。
- 洗手用的水管或水槽。

布置美术室

将画架放在宽敞、适合身体伸展的地方：儿童的手臂要做大幅度运动，空间要足够大，确保他们在画架周围来回移动。把画架放在靠窗户的地方，这样外界环境中的各种颜色、声音、质感和运动都可以成为画纸上的内容。在画架下放一块防水布，接住滴落下来的颜料。

大多数画架都自带放颜料罐的小架子。如果没有，把画架放在桌子或架子附近，然后把颜料罐放在上面。另外，还需要一个调色板，有关这方面的指导，请参见本书第 3 章内容。

将颜料装在透明容器里，让儿童充分感受色彩带来的冲击力。色彩具有强烈的视觉冲击力，可以激发儿童的感官记忆和联想。例如，一杯红色的颜料，儿童从不同角度观察它会产生不同的联想，如盛夏时节的一碗沙拉、一杯草莓汁、一辆消防车、一摊鲜血或是一堆红辣椒。每种颜料都有自身固有的情感基调和表达方式。想象一下，一杯可能是红色、黄色、蓝色、绿色或棕色的颜料，正在刺激你的各种感官，吸引你到画架上作画。

如果把颜料装在不透明的塑料罐里，盖上红色盖子，并把画笔柄露在外面，情况会怎样？这让人感觉毫无生气、没有情感。

准备各种颜料，吸引儿童注意。在每个颜料罐里放一支画笔，或者将一把画笔放在颜料旁边的空罐里。这样，儿童手边就有足够多的干净画笔，必要时可以把弄脏的或掉在地上的旧画笔换掉。

用夹子把画架大小的画纸固定在画架上，同时在画架附近的平台上多放画纸，确保儿童在探索过程中随时更换画纸。

晾干架要能保证儿童随时可用。准备大量的夹子，供儿童将尚未晾干的画作挂在架子上。

在画架附近放一小桶水,用来清洗画笔。把画笔浸泡在水里会更容易清洗。

探索与创造

当儿童在画架上作画时,应主要关注他们用颜料和画纸作画时的身体活动,而不是艺术表现。因此,画架的布置要满足儿童身体活动的需要:纸张的大小应与儿童身高相符,确保儿童能平视整个画面,自由伸展手臂进行涂画。这是画架画的美感所在。

告诉儿童每种颜料固定对应一支画笔,不要随便在不同的颜料罐里蘸颜料。

每种颜料固定对应一支画笔。涂红色就用红色画笔,涂蓝色就用蓝色画笔。

如果用同一支画笔蘸不同颜料,画笔就会沾上各种颜料。出现这种情况时,让儿童把画笔放进水桶里清洗,然后拿一支干净画笔,这样可以保证颜料罐中的颜料相对纯净。

帮儿童处理滴在地上的颜料。

当画笔从颜料中取出时,用画笔轻轻地抹一下颜料罐的边缘,这样它就不会滴颜料了。

颜料滴在你不想让它滴的位置时,可以用画笔把它吸走。

重点关注儿童创作画架画时获得的身体运动经验。

在画架上做一些大幅度的手臂伸展运动。试一试让手臂在画纸上绕大圈,然后再绕小圈。

试一下最远能和画架保持多大距离,但要能用画笔够到画纸。

试一试，把颜料从画纸上端一直涂到底部，再从一边涂到另一边，感觉怎么样？

我看到画纸上的颜料被你的画笔刷出一条条线。

颜料从画纸上慢慢地流下来，好像雨水冲刷窗户。

先涂了红色，再加了蓝色。瞧，画纸上的颜色变了！

看外面的树。树枝正在风中摇曳。你能画出树正在摇动的感觉吗？想象你的手臂就是树枝，风正在轻柔地吹着它。

先将画架画保留几天，之后再让儿童重新审视作品，看看是否还需要添加内容或做修改。他们可能会从不同角度以及更有利的角度观察作品，如横穿美术室或者随意在其中穿梭。另外，一天中不同时段的光线，以及每天的光线也都会有所变化，而光线变化恰好影响作品的效果。一旦儿童从不同角度再次观察作品，他就一定会在原有图画基础上添加内容或做修改。

当儿童完成画架画时，教他如何把画纸从画架上取下拿到晾干架上晾干。一个人很难完成这项工作，所以需要几个人合作。

一个人举着画纸，一个人拿着夹子。一起讨论谁来做这些工作。

拿画纸的人要做到：

在夹夹子的地方捏住画纸，松开夹子时，手要捏住画纸。

拿着夹子的人要做到：

夹子就像人的嘴巴。当小伙伴取画纸时，按压夹子，让它张开嘴巴。

拿画纸的人还要做到：

把画纸放到晾干架上晾干。

拿着夹子的人还要做到：

把夹子合上。

如果使用的晾干架是用绳子穿成一串的晾衣架，就要指导孩子们如何夹住画纸。

拿画纸的人要做到：

将画纸靠近线绳，用夹子同时夹住纸和线绳。

拿着夹子的人要做到：

把夹子打开，像张嘴一样，然后咬住纸和线绳。一个夹子夹住画纸的一个角。

多练习几次，儿童就可以熟练掌握，不再需要成人指导和帮助。

画架画还可延伸成另外一种身体活动，用塑料布（油漆工用的塑料布就可以）蒙住教室里的一面墙，然后在塑料布上贴几张大包装纸，让儿童在墙壁上作画。通过这一活动，儿童体验如何运用强健有力的大笔触作画，将整个身体都投入对颜料、画纸和运动方式的探索中。

还可以把水桶和干净的画笔拿到户外，让儿童用水在外墙壁上作画，进一步丰富他们关于运动方式和质感的探索经验。

清理

先让儿童把弄脏的画笔放进水桶里浸泡一段时间，之后再拿到水池里清洗，具体方法如下：

把画笔拿到流动的水下面，用手指揉搓画笔的笔毛，用清水冲洗，挤出笔毛里的颜料。重复几次，直到没有颜料从水或指缝中流出来。

把画笔放在纸巾上。颜料渗到纸巾里了吗？如果没有，说明画笔已经洗干净；如果有，还需要多洗几次。

用纸巾把洗好的画笔包起来，揉捏笔毛，挤出多余的水，然后把画笔放在通风处晾干。需要的话，给颜料罐重新装上颜料，以备以后作画时使用，同时用盖子或塑料薄膜将罐口密封好。

纪录与展示

纪录与展示应关注儿童创作画架画时对质感、运动方式和颜色的探索。可以拍照捕捉儿童创作时的身体动作。站在儿童身后，将镜头聚焦于他们挥舞的手臂、斜身和转身的动作，然后近距离地拍摄他们表现得浓墨重彩以及画笔挥舞的瞬间。

展示就是利用儿童创作时的照片及最有说服力的作品并配上文字，重点说明儿童手臂的动作、下笔时的笔触以及站在画架前的姿势，也可以写上自己对大胆的肢体活动中蕴含的意义与价值的思考，用简短的文字说明作品中的各组成部分，然后将文字与作品中的各部分连线，使其一一对应。

有一滴颜料即将滴在画纸上部，贝丝很快用画笔把颜料接住了。从笔毛旋转的痕迹中可以看出画笔运动的轨迹。

从这个例子可以看出用画笔在纸上涂出来的纹理结构。看看笔毛在颜料上留下的痕迹以及画出来的线条，注意颜色在这里的聚焦。

这条线超过了画纸边缘。爱德华多的手臂活动范围比较大，画的圈比画纸还要大。

红和黄在这里交汇。斯特拉一手拿着红画笔，一手拿着黄画笔，在画纸上一点点地涂两种颜色，越涂越近。最后，当两种颜色相遇时，她大喊："橙色！"

小小艺术家

分析儿童的作品要从多角度进行，并说明画架画是如何促进儿童理解质感、运动方式和颜色的。

时间：9月21日

孩子们站在画架前创作，身体动作十分优美。他们手臂的姿势、身体的倾斜以及眼神专注的样子无不在告诉我们，他们正全情地投入对颜色、运动方式以及各种材料的探索。仔细看一看儿童创作时的图片，它们在讲述一个个动听的故事……

特雷莎身体微倾，站在画纸前，涂了一块颜色饱满的深蓝色。她一只手用画笔涂颜料，另一只手把蓝颜料涂在之前用画笔涂过的地方。两只手臂完全舒展开，从上挪到下，从一边移到另一边。

阿里安娜涂色时喜欢让不同的颜色融汇在一起。蓝色加上黄色，突然就变成绿色！两种颜色接触的地方正是奇迹发生的地方，一种新颜色产生了。画纸记录了画笔旋转的笔触，讲述着阿里安娜如何将黄色和蓝色融合到一起的故事。

延伸活动

可以运用画架画进行如下活动：

- 引导儿童反思大肌肉动作游戏：重新观察在追逐游戏中拍摄的照片及剪辑的视频，让他们在画纸上把游戏场景画下来。
- 提供各种机会让儿童改变作画的规模：画一张小素描或者用他们曾经用过的水彩画颜料作画，然后在更大的画架纸上重新画一遍。
- 创造机会促进儿童合作：两个儿童并排站在画架前，共同在一张画纸上创作。
- 创造机会让儿童倾听与协商：儿童与同伴合作，两个人各自站在画架一边，互相指导对方怎样画线条，应该使用什么颜色。

第 3 章　探索颜色

运用这些艺术媒介进行创作时，应努力做到：
- 尊重儿童的审美意识及他们对美的关注；
- 向儿童介绍颜色：原色及混合色、颜色的深浅明暗；
- 指导儿童调配各种独特的颜色；
- 指导儿童使用工具，让他们在探索颜色时用到各种材料，如各种型号的色粉笔和画笔。

- 黑色和白色颜料
- 蛋彩画颜料
- 水彩画颜料
- 油画棒和色粉笔

颜色充斥着世界的各个角落，唤起我们的视觉和其他感官。例如，鲜艳的绿色让我们想起赤脚走在绿草地上的感觉、美味多汁的葡萄；浓重的金黄色则让我们想起太阳的温暖爱抚。无论对儿童还是成人，颜色都蕴含着丰富的故事、隐喻与情感。

在为儿童创造探索、混合颜色的各种机会时，应强调让儿童通过个人体验而非教师的直接教授或提问感知颜色。我们不给儿童上地理课，相反要让他们开始色彩之旅，为他们提供旅行所需的地图和供给物，并作为他们的伙伴与之同行——这些都是由儿童的旅行特点所致。儿童跟随自己的好奇心，凭借本能和感受行走，猜想在旅途中看到怎样的美景，惊讶于不期而遇的风景。在充满色彩的风景中旅行，儿童对色彩的理解日益加深，不断提出新问题，并且学说这一风景独有的语言，就像学说母语一样。他们还将学习混合颜色并创造新颜色，了解同种颜色产生的深浅明暗变化，掌握各种颜色的互补和对比。最终，儿童获得的这些知识帮助他们运用色彩表达情感，表现世间万物，讲述美丽的故事。

黑色和白色颜料

在探索其他颜色之前，首先应探索色谱最两端的颜色，即黑色和白色。通过对这两种颜色的探索，我们可以形成一个框架，促使我们更清楚地理解颜色。将两种颜色并排放在纸上，对比效果会十分鲜明。

材料

探索需要的材料

- 黑色蛋彩画颜料，装在透明的玻璃杯或塑料罐里，每个儿童一罐
- 白色蛋彩画颜料，装在透明的玻璃杯或塑料罐里，每个儿童一罐
- 每人一个调色盘
- 各种型号的画笔：装在广口瓶、罐子或篮筐里
- 调色棒：装在广口瓶、罐子或篮筐里
- 给每个颜料罐配一把勺子
- 纸巾
- 黑色大纸
- 白色大纸
- 每个儿童一件工作服
- 保鲜膜或亚克力薄膜，用于覆盖颜料（可选择）
- 罩布或桌布，用来接住滴落的颜料
- 晾干架，把创作完成的作品放在上面晾干

清理需要的材料

- 一个盛有少量水的水桶或木盆，用于浸泡画笔和调色盘
- 垃圾桶，把用过的调色棒扔到里面
- 一盆水或洗手用的水槽

布置美术室

安排桌面，确保每个儿童都有足够的工作空间。给每个儿童一张黑纸或白纸，交替发放，这样一些儿童使用白纸创作时，另一些儿童用黑纸，便于他们在创作时互相比较，交流问题。

探索时，让儿童交替使用两种纸。例如，如果桌面有多余空间，先放一张白纸，然后在白纸旁边或上面放一张黑纸。创作时，儿童可以在两种不同颜色的纸上来回创作，观察黑色颜料被涂在白纸和黑纸上产生的不同效果。实际上，给儿童提供纸张看似非常简单，但能反映出你的教育意图："我希望你们在探索中合作""我希望你们探索颜色时做一些研究。"

在每个儿童的工作区分别放一罐黑色颜料和白色颜料，并给每个颜料罐配一把画笔，同时在每个儿童的画纸上放一把干画笔，用这些干画笔介绍如何使用画笔。在桌子中央放一叠调色盘，一罐调色棒，一罐勺子以及

画笔，儿童混合颜色时会用到这些。在桌子上放一些纸巾，方便儿童拿取。在儿童手边存放一些备用画纸，可以放在桌子中央或附近的桌子或书架上。

将晾干架放在桌子旁，以便儿童可以轻松地拿取自己的画作。架子上要有足够多的夹子，供儿童悬挂作品。

在附近放水桶或木盆，里面装少量水，儿童完成创作时，可以把他们的画笔和调色盘放在桶里清洗。

探索与创造

探索画笔

潜心涂颜料前，先向儿童介绍干画笔。

画家用一种叫"画笔"的工具在纸上涂颜料。看看自己的画笔，发现什么了？在手上、脸上刷一下会感觉柔柔软软的。

有没有发现，画笔上的毛是直直的。笔毛直直的才好。如果太用力压画笔，上面的毛就会被压得又扁又平。这样就不好用画笔涂颜料了。

在纸上涂颜料时，下笔要轻，这样笔毛就会保持直立。

教师先做示范，然后让儿童尝试用干画笔涂画。

试一试，在画纸上轻轻涂，看看怎样涂，笔毛才能保持直立。

如果笔毛一直是直的，你就是画笔的主人。想让颜料去哪儿，它就去哪儿。可是，如果笔毛被压得又扁又平，画笔就可能划破画纸，在上面留下一道道痕迹。这样一来，画笔就成为你的主人。要记住，让笔毛保持直直的，你才能成为画笔的主人。

接下来，给儿童演示怎样用画笔涂颜料。

现在，让我们在颜料里蘸一下画笔，然后在颜料罐的瓶口抹几下，以免上面的颜料滴下来，最后在纸上涂颜料。这样，蘸颜料—抹笔毛—在纸上涂画，颜料罐里的颜料就跃然纸上了。

探索黑色和白色颜料

简要介绍如何使用画笔之后，邀请儿童深入探索。

黑纸和白纸，黑色颜料和白色颜料。两种截然相反的颜色！我很想知道，探索这两种完全不同的颜色，能发现什么。

在白纸上涂黑色颜料可以引起强烈的视觉冲击力，在黑纸上涂白色颜料则会唤起注意，吸引人们的眼球。提醒儿童慢慢涂颜料，注意纸上的效果以及颜色之间的相互作用。

黑色是很浓、很深的颜色，看看在白纸上画出来的黑线！它向我们讲述了怎样的故事？线从哪里开始？去向哪里？沿着这条线会发生什么？

在白纸上涂白色颜料……你能区分出颜料和纸有什么不同吗？颜料在纸上的什么位置？

退后几步，停一会儿，看看纸上的黑色和白色颜料，它们好像在跳舞、追逐，轮流做游戏。有没有发现两种颜色怎样向彼此移动？

黑色是非常浓重、鲜明有力的颜色。它让我联想到夜晚的天空、一大杯咖啡，抑或热天里的一处阴凉。看到黑色，你想到了什么？

在儿童涂颜料时，教他们使用画笔。

记住，让画笔的毛直立。这样做，你是它的主人！在纸上涂的时候，轻轻地涂。

蘸颜料—抹笔毛—在纸上涂画。在颜料罐瓶口抹几下，这样毛上的颜料会滴到罐子里，而不会滴在纸上。

鼓励儿童尝试使用不同型号的画笔。大画笔适合进行大面积涂色，小画笔适合画一些特定的或具象的线条。

你一直在用大画笔涂色，把画纸底边都涂满了。试试用小画笔能画出什么。

你用小画笔画出这么细的白色线条，下次再拿新画纸画时，试试用大一点的画笔，看看能画成什么样。

鼓励儿童分别用黑纸和白纸探索。

把黑色颜料和白色颜料混合

在充分探索了简单、朴素的黑色与白色颜料之后，向儿童介绍调色盘以及混合颜料的过程（当然，儿童可能在前面涂颜料的过程中混合过颜料），边描述过程边演示。

这是调色盘，是用来混合颜色、制造新颜色的盘子。用调色盘调色，颜料罐里的颜色就可以保持原来的纯度和浓度，不会浑浊。

混合颜料的步骤：先用浅颜色。浅颜色比较淡，不容易变成较深的颜色。深颜色比较浓，滴几滴就可以使浅色变深。白色比黑色浅一些、淡一些，所以先从白色开始。

用勺子从颜料罐里舀一些白色颜料，放到调色盘里。然后，把勺子放回白色颜料罐。需要添加白色颜料时，再用勺子舀。换另外一个勺子，从颜料罐里舀一些黑色颜料，放到调色盘里，最后再把这只勺子放回到黑色颜料罐里。

用调色棒将白色和黑色颜料搅拌在一起。提醒儿童注意，黑色如何旋入白色，并慢慢和白色融合。这种变化不是瞬间发生的，而是缓慢渐变的，用肉眼可以看到，需要儿童多花时间观察。

颜料混合完，把调色棒放在一张纸巾上。给这个新颜色起个什么名字？新颜色是柔和的浅灰色。它让你想起了什么？

若用新颜色涂色，就要再拿一只新画笔。每种颜色都有它自己的画笔，这样可以确保它的浓度和纯度。

第一阶段演示后,进行下一轮活动。再次邀请儿童和你一起工作,让每个人都在自己的调色盘里创造颜色,慢慢地、一步一步地创造。颜料用量不同,创造出的颜色也大相径庭,所以要鼓励儿童互相比较各自的探索过程,观察彼此创造出的新颜色有什么不同。

亨利开始舀一大勺白色颜料,然后加了一小滴黑色颜料。亨利,刚开始搅拌时,白色颜料发生了怎样的变化?

看看雅基的深灰色,能告诉我们,你是怎样做出来的吗?

完成这一轮活动之后,鼓励儿童根据自己的速度和节奏继续混合颜料和涂色。

希望你们能够创造出更多深浅明暗不同的灰色。很想看看你们创造出来的颜色,以及你们是怎样在纸上涂灰色、黑色和白色的。

注意更换新画纸。如果用过白纸,就用一下黑纸。对比一下灰色涂在不同颜色的纸上会产生怎样的效果,一定很有趣。

涂画时,有些儿童特别着迷于探索黑色、白色和灰色颜料分别在黑纸和白纸上产生的视觉效果,这时要引导他们注意画纸与颜料之间形成的鲜明对比、明显边界以及用肉眼无法看到的差别。

白色颜料在深黑色纸上开辟了一条小路。

白纸上的黑线条像一道阴影,也像一扇通往黑暗房间的门。

纸上的灰色旋涡让我想起风雨交加的情景。

有些儿童尝试用颜料画具象画。和他们一起想象画里的线条和形状像什么,研究画里的内容,并提供技术支持。

黑色背景与颜料形成鲜明对比,尤其是在上面画白色线条时,画面效果会更具有冲击力。

最好用小画笔画细线条。试一试，用小画笔画细节，让你的画显得与众不同。

如果儿童觉得自己已经涂完，教他和伙伴一起把画放在或挂在晾干架上。具体指导建议参见第 2 章。

清理

涂画活动结束后，将画笔和调色盘放在水桶里浸泡，找时间清洗。把调色棒扔进垃圾桶。用盖子、塑料薄膜或透明有机玻璃将颜料罐盖上，以便下次使用。

纪录与展示

黑白两种颜色很容易被人们忽略，被认为不重要，无法像其他颜色一样瞬间吸引人们的注意力。深浅明暗不同的灰色也会让人感觉茫然、含糊，很难激发创造力。

不过，儿童对这些颜色的探索却丰富多彩、迥然各异，他们还表现出对纹理的兴趣。这样的探索故事非常值得讲述。

在儿童创作时，教师通过拍照捕捉与背景形成鲜明对比的黑白色粗线条、儿童第一次混合两种颜色时将黑色旋入白色的情景、儿童用画笔在画纸上画来画去的手部动作。

记录儿童如何描述颜料与画纸之间的关系，重点捕捉他们在描述两种颜色的独特之美时所运用的诗一般的语言：

- 怎样描述黑白两色之间的鲜明对比，以及在白纸上涂白色或在黑纸上涂黑色时产生的神奇效果？

- 给自己创造出的深浅明暗不同的灰色起了什么名字？
- 创作时都讲了哪些故事？
- 怎样互相协作并彼此分享自己的观察与发现？
- 创作具象画时，重点画什么？利用这两种颜色可以创作哪些形象？

收集展示用的照片和文字记录，思考怎样才能引发儿童关注细微之处以及醒目的黑白粗线条。可以把文字说明写在红纸上，红色与黑色、白色形成鲜明对比，凸显这两种颜色。可以装裱儿童的作品，凸现颜色的层次：如果画纸是白纸，就以黑纸为背景；如果画纸是黑纸，就以白纸为背景。

其实，有关黑白两色的艺术创作已经有很长的历史。例如，早在20世纪，艺术家皮特·蒙德里安（Piet Mondrian）的作品就非常强调黑色与白色线条的相互掩映。书法艺术家也习惯在白色卷轴上挥洒黑色。因此，展示儿童的黑白画作品时，可以考虑把一些艺术家创作的黑白作品打印出来，配在儿童画旁边，使儿童作品置身于更多的黑白艺术作品中（可以在网上或博物馆的礼品店搜索这些艺术家的作品图片）。

时间：1月24日

辛克莱认真、从容地移动画笔。她画了一条黑线，从纸的一边一直画到另一边。然后，她沿着黑线的细微弯曲，时高时低，时上时下，画了一条与之平行的白线。她的手移动得既精准又优雅，神情十分专注。

辛克莱先画黑线再画白线时，都看到了什么？她的画有什么含义？两条线将纸分割成两半。黑线闯入广阔的白色区域，白线既凸显了黑线，又

> 使其看起来不显眼。辛克莱缓慢且稳健地移动画笔，专注且优雅，仿佛禅师正在卷轴上题写文字。
>
> 　　两条对比鲜明的粗线条使人陷入沉思，归于平静并开始觉醒。黑色和白色极富冲击力，它们让人关注线条和轮廓的边缘。它们的朴实无华促使我们深入地洞悉。

延伸活动

可以在如下情境中运用黑白颜料和黑白纸：

- 儿童探索线条时，让他们运用多种工具在纸上画线，如细树枝、削出尖角的羽毛、牙签、细绳；
- 当儿童正在探索如何表现阴影时；
- 当儿童正在研究形状和轮廓时。

蛋彩画颜料

　　红色与黄色混合，可以产生新颜色。在这一过程中，没有魔法，也没有人为地制造什么，更没有难以言说的化学反应。红色与黄色混合产生橙色，过程简单，但令人惊讶。用蛋彩画颜料混合和创造颜色，带领儿童走向神秘的探索发现之旅。

材料

探索需要的材料

- 带盖的透明玻璃杯、塑料罐或者是用有机玻璃盖住的罐子，至少要有25~30个罐子，够4~5名儿童使用

- 瓶盖或者能覆盖整个罐子的透明亚克力板
- 红、黄、蓝和白色蛋彩画颜料,把颜料放在类似餐馆里装番茄酱和芥菜酱的带喷口的小瓶子里
- 混合颜料用的调色棒
- 各种型号的画笔——每个儿童要有 6~8 支画笔
- 厚一点的白色画纸
- 便签纸,放在带纸夹的写字板上,每个儿童一套
- 每个儿童一套彩色记号笔,包括红、黄、蓝、白、橙、绿、紫和褐色
- 每个儿童一件工作服
- 厚纸,或者透明或中性颜色的塑料桌布
- 晾干架,把完成的作品放在上面晾干

清理需要的材料

- 一桶水,用来浸泡画笔
- 垃圾桶,用来装调色棒
- 一盆水或洗手用的水槽

布置美术室

开始时,每个儿童的工作区都是空的。考虑到颜料可能会溅到桌子上,先在桌子上铺一层包装纸或塑料桌布。

把所有材料放到桌子中央:带喷口的小颜料瓶、空罐子、调色棒和画笔(可以把调色棒和画笔插在塑料罐或陶瓷罐里)。如果空间太挤,就把颜料放在容易取放的架子或小桌子上。

便签纸、彩色记号笔和画纸都放在手边。刚开始探索时,先放在远一点的地方,因为不一定马上用到它们。

确保晾干架便于使用。

把浸泡画笔的水桶和装调色棒的垃圾桶放在桌子旁边。

探索与创造

混合颜色

给儿童分发探索用的大画纸,邀请他们开展探索活动。

我们要用蛋彩画颜料制造新颜色。这里有一些原色颜料(红、黄、蓝颜料),还有白色。先在罐子里混合颜料,然后把装着新颜料的颜料罐放在美术室,这样就可以使用这些新颜料了。

如果儿童已经掌握了如何调配混合色,就和他们一起回顾之前形成的共识。

你们一直在探索创造新颜色,探索过手指画、画架画以及玉米粉和颜料水。那你们还记得把红色、黄色和蓝色混合到一起时,是怎样创造出新颜色的吗?

如果儿童之前已用过蛋彩画颜料,那么引导他们把这次创作看作一种研究。

今天可以探索红色、黄色、蓝色和白色颜料。我们都是科学家和艺术家,正在进行有关颜色的重要探索与发现。

记录探索时获得的发现。这有纸和记号笔,你们可以把这些发现写下来,也可以画下来。

无论是对混合颜料有丰富经验的儿童,还是对此很陌生的儿童,蛋彩画颜料探索活动都极具挑战性,充满乐趣。在儿童正式研究之前,让他们以小组为单位,多做几次试验。同时,混合颜色时,让儿童和你一起思考,共同聚焦一个问题。

混合两种颜色，用哪种颜色呢？选择颜色是混合蛋彩画颜料的第一步。

和儿童一起，从四个带喷口的小瓶子里选择两种颜色。

在罐子里混合颜料，制造新的颜色，所以需要一个空罐子和一个用来搅拌的调色棒。

边解释，边把这些工具拿过来。

颜色有浓的、深的、浅的、淡的。蓝色是所有原色中最深、最浓的颜色，其次是红色和黄色。白色是所有颜色中最浅、最淡的颜色。颜色由浓到淡的顺序是蓝色—红色—黄色—白色。

和儿童一起画一张简单的草图。可以用记号笔和便签纸画一条长而粗的蓝线，一条稍短、细一点的红线，一条短而细的黄线以及一条极小的白线（或轮廓线）。可能儿童还会想出其他方法来记录信息。但不管用什么方法，都把这张草图放在手边，以便创作时随时参照。

开始混合两种颜色的颜料，首先从比较淡的颜色开始。

参照之前做的记录，确定两种颜色中哪种更淡。

先挤出些比较淡的颜料，放到小罐子里，然后加一滴浓一点的颜料。猜一猜，浓颜色与淡颜色混合到一起，会发生什么？

让儿童思考各种可能性。

为什么你认为会是那样？以前看到过这种现象吗？
现在把颜色搅拌在一起，注意看发生了什么。

用调色棒搅拌颜料。

你发现了什么？淡颜色是怎样变化的？浓颜色又是怎样变化的？和我们预料的一样吗？

现在可以停下来。继续保持这样，还是再加一滴浓颜色的颜料？该怎么做呢？

和儿童决定下一步该如何做。有些儿童想停下来，保留这个颜色，有些儿童会往里面加颜料，看看还能创造什么颜色，发生怎样的变化。把新创造的颜色暂且放一边，拿一个新罐子重复上面的过程：放入相同量的淡颜色颜料，加一滴浓颜色颜料，混合搅拌。然后，继续往第二个罐子里添加更多浓颜色颜料，创造出比第一个罐子里颜色更浓、更深的颜色。

如果新颜色很深，和我们原来想的一样，就不要再加浓颜色的颜料。我们已经创造出了新颜色！

以小组为单位合作混合颜料，多做几次。边做边描述混合的过程并演示具体的操作方法，引导儿童观察，鼓励他们反思并学会互相协作做出决定。和儿童一起记录你们正在创造的颜色，记下混合了哪些颜色，创造出了哪些新颜色。用彩色记号笔和便签纸写出一系列数学等式，如"红色+黄色=橙色"，或者直接说明颜料的混合过程，如"红色颜料加黄色颜料产生了橙色"。

混合颜料的过程促进儿童进一步掌握蛋彩画颜料混合的操作方法，让他们体验到共同冒险探索的乐趣，感受获得发现时的兴奋，学会开动脑筋、大胆提出假设并验证假设。同时，合作过程也让儿童体会到颜色的神秘感。红、黄、蓝和白色都有各自的特性，而当它们融合到一起时就形成全新的颜色。

经历过两三轮的合作混合，儿童制作自己的调色板。提醒每人创造4~5种颜色，制作一个简单的调色板。之后，每人选择4~5个颜料罐以及调色棒。提醒儿童注意具体过程。

选择两种颜色，先选择比较淡的颜色，然后再加一滴比较浓的颜色。把两种颜色搅拌在一起，然后研究新产生的颜色。想一想，它和你想要的颜色一样深吗？如果想要更深一点，就可以再加几滴浓一点的颜色。

儿童混合颜色时，可能会互相传递装颜料的小瓶子，导致颜料罐"丁零当啷"发出响声，颜料可能会溢出来，潮湿的调色棒也可能掉在地板上。对于发生的这一切，我们都可看作是研究者和艺术家发出的声响和做出的举动，他们正在体验创造和发现的过程中获得的乐趣及付出的努力。

给每个儿童发一些便签纸和一套记号笔，记录混合颜料过程中的发现。

在便签纸上简单做记录，这样能记住自己的发现。下次再混合时，可以用这些记录。

你也可能只需用到一块写字板和一套记号笔，让儿童一个挨一个记录，最后把每个儿童的发现都记录在一张大表上。

作画

活动结束，颜料罐里会出现各种不同的颜色，呈现出同种颜色的深浅明暗不同。这时，就可以涂画了！和儿童一起将桌子上的颜料瓶、便签纸和记号笔收拾起来。将用过的调色棒扔进垃圾桶，收起没用过的调色棒。让儿童为每个罐子选择一支画笔。在桌子中央放一叠画纸，每人一张。帮助儿童在画纸周围布置工作区。如果儿童习惯用左手，那么帮他把颜料罐放在画纸左上方；如果儿童习惯用右手，那么就把颜料罐放在画纸右上方。提醒儿童运用蛋彩画颜料时的一些注意事项。

用画笔蘸颜料，在瓶口处抹去画笔上的颜料滴，然后在纸上涂画，具体过程是：蘸颜料—抹笔毛—在纸上涂画。

边说边演示这些步骤。

保持画笔的毛直立。这样做,你就是画笔的主人。(更多说明请参见本章内容)

尽量保持颜料的浓度和纯度。给每种颜料配一支画笔。如果发现画笔上有其他颜色,重新换一支(儿童很难把画笔上的颜料冲洗干净。重复使用同一支画笔,冲洗过后不可避免地残留一些水分,会使上面的颜色变淡,简单的做法是再拿一支新画笔)。

继续画!

边创作边思考。

看看那个淡柠檬色!它是你想要创造的颜色吗?颜料在纸上和在颜料罐里有什么不同?

那是迷人的深红色。它让你想起什么?你想给这种颜色起个什么名字?

如果这种颜色能发出声音,你觉得它听起来像什么?闻起来像什么?尝起来又像什么?(千万不要让儿童真的去尝)

一些儿童潜心研究颜色在画纸上的运动、形态和特性,另一些儿童则会用创造出的颜色表现某个物体、某段经历或某个地方。如果是后者,就指导他们学习使用画笔。

用小画笔画细线条和轮廓,用大画笔画粗线条、上色。你正在画房子上的细节,我觉得细小的画笔最适合。

拿画笔的姿势就像拿铅笔或者彩色记号笔。用画笔也可以画线条、讲故事。

当儿童完成一幅画作时,请他和伙伴一起,将作品放在晾干架上(请参见第 2 章相关内容)。

清理

儿童画完之后，把画笔放进水桶里浸泡，随后清洗。盖紧颜料罐，可以用罐子自带的盖子密封，也可以把所有罐子紧挨着放在架子上，然后用一片透明有机玻璃将所有罐子盖好。这些颜料将成为美术室的组成部分，便于儿童在创作中重复利用。

可以把颜料罐放到能够旋转的香料转盘上，做成颜色转盘，颜色的排列顺序依次是红、黄、橙、绿、蓝、淡紫、靛蓝，或按光谱的顺序将颜料罐依次排成一条直线，并使各个罐子间保持一个手指的距离。还可以在颜料罐上创造富有动感的波浪线，使儿童联想起颜料在纸上的运动情况。抑或将颜料罐分组放进一个颜色池里，将颜料罐按颜色一个挨一个地放好，像动作紧密的舞蹈，将舞蹈动作一个个传递下去一样。做决定很简单，包括多种可能性。你可以根据兴趣、美感及是否有吸引力来决定如何摆放颜料罐。

纪录与展示

创造颜色像变魔术。当儿童将一滴颜料滴入另一种颜色中时，他就像一名炼金术士凝视着颜料罐，注意着哪怕是最微小的改变。在儿童变魔术的过程中，他们逐渐走向神秘世界。

混合蛋彩画颜料的过程就是魔术与科学融合的过程。为了讲述这一过程，可以拍儿童混合颜料时的表情，捕捉颜料第一次混入另一种颜料时的情形，收集儿童表达期望、高兴与惊讶之情的图片。还可以记录儿童有所发现时的欢呼、惊叫，以及他们在创造新颜色后如何描述自己观察到的现象、提出哪些疑问、讲述怎样的故事。

进行记录与展示时，除了配上照片、观察记录以及反思之外，还要向读者提出问题，引发他们思考。

> 对儿童而言，这是神秘而奇幻的探索之旅。对成人而言，在哪里会遇到如此神秘的、可以观察到但无法真正理解的事物呢？儿童的探索是否有助于成人进一步理解儿童的创作经验？
>
> 创造出新颜色之后，儿童看待世界的方式会有怎样的不同？

进行展示时，可以用儿童创造出的醒目的、单一颜色的色块来做海报，并在色块周围留些空白。可以在空白处写上儿童描述自己创造出新颜色时的话语，也可以邀请参观者在上面留言。

> 这种颜色让你想到了什么？
> 你想给这种颜色起个什么名字？
> 这种颜色讲述了怎样的故事？

参观者如果留下自己的观点，就和儿童一起分享这些观点，从而让展示唤起儿童与成人的对话，共同交流彼此关于颜色及其价值的看法。

延伸活动

可以在如下情境中运用蛋彩画颜料：

- 当儿童正在研究某种变化的时候；
- 当儿童正在探索某种情绪和心情的时候，他们通过混合颜料来反映某种特殊的情绪，或是反映出一种情绪向另一种情绪的转变；
- 当儿童运用某种隐喻和诗歌进行游戏的时候，他们将各种颜色与感官经验联系起来进行想象和体验：

  褐色看起来像什么……

  绿色闻起来像什么……

  红色听起来像什么……

粉色尝起来像什么……

白色感觉起来像什么……

时间：12月3日

　　米利亚进入美术室。她穿着工作服，准备了一张大纸，但又有些犹豫，她一边看着空白的大纸，一边对我说："我得想想画什么。"

　　沉默几分钟之后，她点点头，然后从架子上拿了一个装着粉红色颜料的颜料罐和一个装着苔藓绿色颜料的颜料罐。这是上周创造的颜色，我们把各种原色和白色混合在一起，创造了一个调色板，里面包含各种颜色。米利亚把颜料罐放在纸边，为每个罐子选择了一个小号画笔，开始安静而紧张地画起来。

　　她在纸上缓慢地移动画笔，先画出一个轮廓草图，然后填色。她静静地画着，只在需要蘸颜料时才将视线从画中移开。几分钟之后，她拿了橙黄色和淡绿色两种颜色的颜料罐。

　　米利亚画了一幅丰富多彩的画：小叶片交替散落在草地上，天空万里无云，阳光普照，到处盛开着美丽的粉色花朵。最后，粉色花朵突然变成了"粉色小狗脚印"。作画时，米利亚的注意力逐渐从对颜色和运动方式的探索转移到了对粉色的研究上。

水彩画颜料

水彩画颜料使色彩分外鲜明，尤其是在厚一点的纸上涂抹，更显细滑、浓稠，让人眼前一亮。运用这种颜料时既需要大量的感官参与，又需要专门的操作技巧。

材料

探索需要的材料

- 给每个儿童一个装水的透明塑料杯、玻璃杯或罐子
- 水（如果没有水池，就用一个大水罐）
- 纸巾
- 细水彩画笔（2号和4号）
- 水彩纸：可以把每张纸分成两半，一整张有点大，会让人无从下手
- 液态水彩画颜料（液态颜料比传统的干块颜料更深更浓），装在透明的塑料罐、玻璃罐（装婴儿食品的小瓶罐）、小调色盘或类似的容器里
- 小透明罐子、小颜料盘，或者类似的容器
- 给每个儿童一件工作服
- 晾干架，把完成的作品放在上面晾干

清理需要的材料

- 水桶或木盆，里面盛少量水，用来清洗画笔、杯子、罐子以及装颜料的容器
- 空水桶、水盆或水槽，用来倒脏水
- 一盆水或洗手用的水槽

- 垃圾桶

布置美术室

布置桌子上的"餐具",就像为亲爱的朋友们准备一桌丰盛的晚餐一样。"餐具"就是作画的材料工具,包括:

- 一张水彩纸
- 一张纸巾,折叠起来增加厚度,放在水彩纸旁边,就像在餐桌上放一块餐巾纸。如果儿童习惯用右手,就把纸巾放在画纸右边;如果儿童习惯用左手,就把纸巾放在画纸左边(如果你不确定儿童习惯用哪只手,递给他一支画笔,看他用哪只手拿笔)
- 一杯或一罐干净的清水,放在纸巾的上部
- 一支画笔,放在纸巾上
- 液态水彩画颜料,装在小一点的婴儿食物罐或小调色盘里,放在纸巾外侧

给每个座位都用相同方式布置材料,这样看起来简洁、整齐、朴素、静谧、和谐。例如,将画笔以同一角度放在纸巾上,水杯放在纸巾的上部,颜料按相同的顺序排列。对细节的关注表明你十分尊重即将在这里进行创作的儿童。

在桌子附近放一沓水彩纸。如果桌子上还有空间，就把纸放在桌子中央。

作画期间，儿童需要时不时地更换罐子里的水。如果没有水池，就在桌子附近放一个空水桶或盆，以便儿童把脏水倒进去。再在桌子中央放一个大水罐，供儿童更换清水。

此外，他们还会非常频繁地用到干净的纸巾，所以要确保儿童手边有足够的纸巾。

把晾干架放到桌子旁儿童容易够到的地方。架子上要有足够多的夹子。

在附近放一个水桶或盆，里边盛上少量的水。儿童完成创作时，需要把画笔、颜料盘和水杯放在桶里。

探索与创造

探索水彩画笔

在儿童开始作画前，先向他们介绍工具和具体操作过程。

引导儿童探索干画笔，通过这种方式向他们介绍如何使用工具。具体指导建议参见第3章。

制定作画流程

向儿童介绍其他材料。

每人一杯水，用来清洗画笔；一张纸巾，用来吸干画笔上的水。颜料要很浓、很纯。还需要一张专门用于画水彩画的厚纸，叫作"水彩画纸"。

介绍具体的操作过程。可以画一个小图表，说明每一步的操作方法，给儿童提供直观形象的视觉指导。

水彩画颜料有专门的使用方法。使用这种方法，你会成为颜料的主人。具体的步骤包括：水—纸巾—有颜色还是纯净无色—蘸颜料—抹笔毛—在纸上涂画。

其实这几个口诀很容易记，可以把它看成一段儿歌，反复吟唱。儿童会学习并创造自己的口诀，就像歌词一样。指导他们创作水彩画。

边说边演示口诀中的每一步。

水（在水罐里蘸一下画笔，轻轻地旋转几下）；

纸巾（轻轻地在纸巾上抹几下画笔，吸干里面的水分）；

有颜色还是纯净无色（检查纸巾上有颜色吗？如果纸巾上有颜色，就重新在水里蘸几下，继续清洗；如果纸巾上没有颜色，就可以用这支画笔作画）；

蘸颜料（在颜料罐里蘸一下画笔）；

抹笔毛（在颜料罐的瓶口处抹几下笔毛，把上面的颜料滴抹干净）；

在纸上涂画（在纸上移动画笔记得让笔毛保持直立）。

将这一过程介绍两遍，引导儿童和你一起做。开始时，一步步地慢慢做，中间停顿一会儿，详细介绍每一步操作过程，提醒儿童要保持画笔的笔毛直立，并给他们留点时间观察和讨论。每次按顺序演示时都重复口诀："水—纸巾—有颜色还是纯净无色—蘸颜料—抹笔毛—在纸上涂画。"这样，每次大声重复，使用相同的词语，儿童听多了就会逐渐将其内化。实际上，当我们学习一种语言时，最初都是将注意力集中在掌握语音、语调、重音等几个要素上。渐渐地，我们不再关注一个个要素，而是将其整合成语言。同样，儿童学习使用水彩画颜料时，首先注意操作过程中的每一步，如在颜料里蘸一下画笔、抹画笔、去掉上面的颜料滴、在纸上移动画笔、清洗画笔。最终，他们掌握这一过程，将注意力从机械操作转化为熟练自如的表现。

提醒儿童注意保持画笔干净，这样可以确保颜料的浓度和纯度。通常，一看到水彩画颜料鲜活、生动地呈现在画纸上，儿童就会非常兴奋，而一兴奋，他们就容易加快动作，急于求成，想走捷径。这时，教师就要温柔地提醒他们，用每一种颜料之前都要把画笔洗干净。

记住：水—纸巾—有颜色还是纯净无色？

每次换颜色时都要这样做。

如果画笔始终是干净的，罐子里的颜料就会很浓、很纯，也会很鲜艳。

如果你把画笔弄脏了，那罐子里的颜料就会变得浑浊，不鲜艳。

作画

介绍完工具和操作步骤之后，引导儿童作画。靠近儿童，一一指导他们，与他们一起重复口诀，教他们在纸上轻松地移动画笔，和他们一起关注颜色在厚纸上的变化，享受作画的过程。

你注意到绿色与红色相遇时发生了哪些变化吗？两种颜色对彼此"说"了什么？它们是在哪里相遇的？

画纸上线条的边缘有时会变得模糊，你看到这种变化了吗？

我发现，轻轻地移动画笔，画出来的线就会特别细。用力时，线就会变得比较粗。

可以试一试在一种颜色上加另一种颜色。如果在蓝天上画一只黄色的小鸟，会发生怎样的变化呢？一只蓝色的蝴蝶飞过绿色的公园，情况会怎样呢？一只棕色的麻雀停歇在高高的建筑物上，抑或一只黑色的渡鸦经过红色岩石峡谷，情况又会怎样呢？

儿童的纸巾很快就会湿透，及时提醒他们换一张新纸巾。

纸巾已经被水和颜料浸湿，没有干净和干燥的地方可以擦画笔了，换一张新纸吧！

让儿童把湿纸巾扔进垃圾桶，重新拿一张新纸，对折，放回原位。教儿童折纸巾并放在原位。

对折纸巾，这样可以吸收更多水分。把新纸巾放在画纸和颜料中间，靠近清洗画笔用的水罐。把画笔从水里拿出来，放到纸巾上吸干水分，再放到颜料里蘸颜料，最后用画笔在画纸上作画。

同样，水罐里的水会变浑浊，染上颜色，无法再用来清洗画笔。看到这些变化，提醒儿童重新换水。

水已经全被染色了！每次在水里清洗画笔，都会有颜料脱落。如果水里充满各种颜色，画笔就洗不干净。赶快把水罐里的水换掉吧。

把用过的水倒进水池或水桶。最好先把罐子冲洗干净，然后重新装水：在罐子里放一点水，晃动几下，然后把水倒进水池或水桶里，最后再往罐子里倒满干净的水（如果没有水池，那么可以用大水罐里的水给儿童换水）。

作画时，注意每个儿童使用水彩画颜料的特点和关注点，这将有助于指导他们创作。有的儿童可能会着迷于研究罐子里的液态颜料怎么到了纸上就变成固态的了，琢磨颜料如何浸染画纸，或者探索颜色从罐子里到画纸上的变化。有的儿童可能会潜心钻研颜色在画纸上逐渐融合、变得模糊不清的过程。

当沉浸于探索获得的感官体验时，儿童的画纸可能已经满是颜料，而儿童全然不知，直到画纸快断开或撕裂。这时，要给他再换一张新画纸，以便他可以继续探索水彩画颜料的特性。

小画笔非常适合用来画具象画的线条。引导儿童用画笔作画，讲述一个故事，描述一段经历，或是表达一种关系。可以引导儿童尝试画出轮廓和形状，体会在一条线的周围要留出多少空间才可以避免线条之间互相交错。有时候，儿童需要教师教一下如何使用画笔，或者重新开始从新的视角进行研究。此时，教师应向他伸出援助之手，给他提供指导，既尊重他对掌握这一新媒介的渴望，又尊重他创作的想法。

在儿童完成创作后，帮助他判断是否已经完全画好，然后把画作从桌子上拿走。通常，画纸上会留一小摊颜料，当儿童拿起画纸时，颜料会流下来。这种情况往往让人沮丧。此时，可以指导儿童处理这些颜料。

我看到你的画纸上有一小摊颜料。拿起画纸时，这一小摊颜料就会变成一条小河，流过你的画。你可以做两件事，一是用画笔把颜料摊开，直到它不再是一小摊；二是用纸巾蘸颜料，把颜料吸干。这两种方法，你用哪种都可以。

第2章提出了一些具体建议，告诉你如何指导儿童与同伴合作，将完成的作品挂到晾干架上。可以尝试运用这些策略，引导儿童把水彩画挂到晾干架上。

清理

让儿童把水从水罐里倒入水池或水桶里。如果不再使用罐子或托盘里的颜料，可让儿童把颜料清空，倒进水池或水桶。颜料被倒进水池那一刻会激起绚丽的色彩旋涡。将画笔、冲洗罐、颜料罐或托盘都放进装有少量水的水桶或木盆，在冲洗之前一直浸泡它们。

纪录与展示

纪录与展示告诉我们，儿童是怎样使用水彩画颜料、如何运用水彩画工具，以及他们对液态水彩画颜料和固态线条的色彩感知，同时还展示了儿童创作的由线条和色彩组成的画作，用以表现他们的经验及相互关系。

当孩子们探索时，教师通过拍照进行记录，例如，拍下儿童手拿着画笔轻触画纸时的手部动作、聚精会神的表情以及画纸上布满各种颜色的样子；用近景拍下儿童第一次握笔在画纸上画画的笔触，以及充满色彩的画纸，这些一定会让人印象深刻。还可以拍儿童最终完成的画作。通过这些作品，我们将发现运用水彩画颜料作画的方式有很多种。例如，有些儿童重在画一些凌乱的色彩，让各种旋涡交互重叠在一起；有些重在画线条，线条之间还保留一定的距离；有些画得很具体，表现某些事物；还有一些运用色彩来画图案和类似马赛克的内容。

还可以记录：

- 每个儿童最初怎样学习使用工具及具体操作过程？
- 儿童在作画时有没有讲述什么故事？故事内容涉及颜色、质感或运动方式吗？还是在讲有关他们所创作的具象画的故事？
- 他们怎样移动手和手臂？动作是自信、勇敢和果断的，还是小心、轻柔的？是探索性的，还是只是好奇的一笔？
- 儿童怎样相互协作、共享观察结果以及互相提建议呢？

展示作品时，尽量选择素色作背景。可以在作品后面放一张黑纸，就当为作品加了个框，2.5厘米宽或者比作品本身稍大一些，配上儿童创作时的照片，照片要尽可能放大冲洗，并用黑纸为其加框。文字可以包括你的观察、儿童说过的话和观点，从而激发参观者的积极思考。

> 看照片中儿童的手。这是技术熟练、充满自信的手。
> 运用水彩画颜料的方式有很多种。观察儿童的一系列画作时，有没有发现他们是怎样运用水彩画颜料的？
> 儿童在白纸上画出的第一笔颜色就是一份郑重的承诺。当看到他们第一次画出的图像时，你有什么感觉？

时间：10月23日

在美术室里运用水彩画颜料进行创作……德鲁沉醉于研究颜色在画纸上的运动，仔细观察它们如何渗进纸里，并与其他颜色融合。

我邀请儿童进入美术室："在这里创作，你将会成为运用水彩画颜料和画笔的艺术家。创作的第一步是学习使用工具，第二步是涂画并找到你特别喜欢的颜色的运动方式。"

德鲁咧嘴笑了笑，点头接受了邀请。我在他的工作区放了一杯水、一张纸巾、一支新画笔和一个装有水彩画颜料的颜料罐。我们与其他儿童一起轻握画笔，用画笔轻触画纸，以使画笔的笔毛始终直立，通过这样的实践来感受如何"成为画笔的主人"。同时，我们还学习使用水彩画颜料的简单口诀，即"水—纸巾—有颜色还是纯净无色—蘸颜料—抹笔毛—在纸上涂画"，口诀非常有节奏感。通过这一过程，水彩画颜料被充分地展现在儿童面前，让他们能够用纯正、浓重的色彩创作出令人惊讶的作品，同时学会控制画笔和节奏，提升了兴趣与反思能力。

德鲁最开始关注画画过程中的具体方法，探索如何用画笔在罐子里蘸颜料之后使颜料不掉落地转移到纸上，如何控制画笔在纸上的运动，以及如何清洗画笔。当他熟练掌握了这些技能技巧后，他开始关注怎样让颜料在纸上运动得多姿多彩。他一笔接一笔，在厚厚的水彩纸上一层层地涂色：深红色流入黄色，黄色流入青绿色，然后是淡绿色、深红色、深蓝色。他的表情专注而充满好奇。

延伸活动

可以在如下情境中使用水彩画颜料：
- 当儿童进行具象画创作时，例如，画静物画或者户外素描；
- 当儿童调查、研究自然界中的某种现象时，例如，秋天的落叶、春天的花朵或者冬季日落时的天空。

油画棒和色粉笔

油画棒和色粉笔的颜色浓烈，色彩丰富，是一般蜡笔和普通粉笔所不能比拟的。油画棒是用粉状颜料和油画颜料混合制成的，色粉笔则是用粉状颜料和干燥结合剂混合而成。运用这两种颜料可进行多层涂色和混合颜色，而且它们的质感非常具有吸引力。

对油画棒和色粉笔的探索非常相似，所以在这里把它们归为一组。但刚开始介绍材料时，最好每次介绍一种，毕竟它们的质感和运动方式不同。等儿童能自如地运用它们时，再向他们同时提供两种颜料。例如，在画壁画或静物画的时候，就可以同时提供。

材料

探索需要的材料
- 彩色油画棒/色粉笔
- 白色的、有重量的、有纹理的纸张，如水彩纸或哑光卡纸
- 纸巾
- 橡皮擦（可选择）
- 放作品的晾干架或架子

- 只适用于色粉笔的空搅拌盘，用于收集色粉（两个儿童可以共用一个托盘）

清理需要的材料
- 一个用来洗手的装满水的盆或桶
- 纸巾
- 一个垃圾桶

布置美术室

儿童使用油画棒和色粉笔时会在桌子上残留碎屑，看起来令人讨厌，所以要把它们从桌子上清理掉。可以在桌子上盖一层白色的包装纸。

在每个儿童的工作区放一张有纹理的厚纸，并在画纸旁边放两张纸巾。

把油画棒和色粉笔放在托盘里，按照光谱顺序排列，这样可以凸显颜色之间的关系。用的时候把托盘盖打开，放在桌子中央，吸引儿童关注这些鲜艳的色彩。

仅适用于色粉笔的做法：在儿童工作区之间放一个空盘子，两人共用一个。把画纸上掸下来的粉尘装到这些盘子里。

确保儿童可以很容易地够到晾干架或晾衣架。

如果没有洗手池，就在桌子边放一桶水、一叠纸巾和一个垃圾桶。

探索与创造

引导儿童关注油画棒或色粉笔中蕴含的色彩美及其排列顺序，邀请他们开展探索与创造活动。

看这些画画工具，一个挨着一个地摆在托盘里，一种颜色引出另一种颜色。红色引出橙色，橙色引出黄色……就像一道彩虹，在托盘里等待我们。

　　这些漂亮的工具叫作"油画棒",像蜡笔的孪生兄弟。
　　这些漂亮的工具叫作"色粉笔",像粉笔的孪生兄弟。

　　提醒儿童注意纸的质感和厚度。
　　在特别厚的纸上涂油画棒或色粉笔。仔细看这张纸,它是怎样运动的?感觉怎样?这种纸和我们常用的纸有什么不同?

　　探索了纸的质感和厚度之后,引导他们继续探索油画棒或色粉笔。
　　我很好奇,我们能发现什么。
　　我们围着桌子互相传递颜料盘。传到你的时候,选择两到三种你喜欢的颜色开始探索。
　　把装颜料的托盘放在桌子中央,想换颜色时就直接从托盘里拿。确保托盘里始终有颜料,这样才能保证每个人都有机会轮流使用。

　　每个孩子至少有两到三种颜色的蜡笔。提醒他们选择色差比较大的颜色(例如,红色、粉色和绿色,而不是淡粉色、亮粉色和玫瑰色)。这样,儿童在纸上画画时就能区别出每种颜色,观察它们的变化。
　　每个儿童的手里都要有一小把油画棒或色粉笔。很多时候,你都需要帮他们拿走手里多余的颜料,放回到托盘里。这样就可以保证每个儿童都有充足的颜料使用(放回去的时候,不用特意考虑始终按原来的顺序摆放)。

探索线条和纹理

　　油画棒和色粉笔最令人兴奋的是,把它们涂在纸上时可以体现一定的纹理。厚一点、粗糙一点的纸能很好地吸收这两种颜料,在纸上涂它们的时候会有拖拽的感觉。色粉笔最能凸显纸的纹理。涂抹色粉笔时,会在纸上形成一个个小"波谷",随着颜料涂得越来越厚,纸自身的纹理结构会被颜料盖住,发生改变。在纸上涂油画棒时,感觉会更加细润、光滑,与纸自身的质感形成鲜明对比。随着油画棒颜料涂得层数越来越多,颜料自身会变得越来越柔和,有流动感,摸起来能感觉到它的稠密。当儿童开始用油画棒或色粉笔创作时,提醒他们注意纸上呈现出来的纹理结构。

颜料是如何在厚纸上运动的?

注意颜料在纸上的样子。它是光滑的还是凹凸不平的?是粗糙的还是细腻光滑的?你能看到颜料中间的线吗?

试一试闭上眼睛在纸上画画,感受颜料在纸上的运动。你发现了什么?

鼓励儿童尝试用油画棒或色粉笔画线条。

如果用油画棒扁扁平平的一头画,那么会出现什么?

用细尖的一头画,会画出怎样的线条?

用长的一边画,会画出怎样的线条?

一次同时使用两种颜料棒,会画出怎样的线条?

混合、擦除和蚀刻

油画棒和色粉笔的颜色鲜艳、浓稠。两种颜料都很容易混合,并且混合后会产生鲜艳夺目的色彩。鼓励儿童积极探索颜色的混合。

把一种颜色涂在另一种颜色上,会发生什么?

观察两种颜色在哪里融合。如果把它们揉擦在一起,会发生什么?在它们融合的地方,线条的边界会不会变得模糊不清?

引导儿童用手指混合颜色(有些儿童希望在手边放些纸巾,用来擦手)。

试一试用手指混合颜色。

指尖有什么感觉?

儿童用自己的方式探索多种可能性，你可以在技术上给他们提一些建议。

鼓励儿童把颜料揉搓掉或用橡皮擦掉（色粉笔颜料很容易擦掉，油画棒颜料也可以擦掉，但没那么容易）。可以引导儿童做蚀刻画。

你可以用手指甲在颜料中画线条、画画！

试着把一种颜色涂在另一种颜色上，然后在上面的颜色上划一道。你看到了什么？

还可以提供一些用于蚀刻的其他材料，如曲别针、细手柄的画笔、细枝或者羽毛。

仅色粉笔适用：用色粉笔创作时，会出现很多粉尘。有了粉尘很麻烦，因为它会粘得满画纸都是，没法再在上面涂色或构图。这时，可以教儿童把粉尘倒在桌子上的空托盘里（在两个儿童之间放一个托盘，这样儿童不用起身就可以够到托盘）。边描述倒的过程边演示。

把画纸抬起来——抬的时候要放平！如果还没拿到托盘，纸就倾斜了，粉尘就会撒在工作区里。

把画纸拿到托盘上，倾斜一下，让粉尘落在托盘里。

轻轻摇晃一下画纸，把多余的色粉抖掉。

清理

当儿童完成探索时，请他们帮忙一起把油画棒或色粉笔收起来，放在桌子中央的托盘上。

仅色粉笔适用：成人把托盘里的粉尘清理干净，倒进垃圾桶，然后在水池里把托盘冲洗干净。

儿童探索色粉的最原始方式可能是在他们所能接触到的所有地方都散落粉尘。因此，为了避免粉尘撒得到处都是，可以把这些画作塞进单独的马尼拉文件夹，或者把它们夹在几张普通纸或新闻用纸之间。

另一种方法是在纸上喷洒固定剂。但喷的时候要远离孩子，在户外或通风良好的地方进行。固定剂气味浓烈。可以选择稍便宜一点的色粉和炭笔颜料固定剂，或者使用发胶。使用这两种方法时都需要在作品上涂一层粉，然后再把粉尘抖落到另一个表面上。但发胶可能会让画面颜色看着不那么通透，浅色会逐渐变黄。

儿童手上也可能沾到各种颜料，如粉尘或油画棒颜料。如果没有水池，那么可以先让儿童用水桶里的水洗手，然后再去水池彻底清洗。

纪录与展示

使用油画棒和色粉笔时，儿童用手指尖探索颜色，感受这一媒介的特性，或油滑流畅，或粗糙干涩。这两种颜料的质感很有趣，为我们提供了探索颜色的新方式。

另外，用油画棒和色粉笔进行创作时，还需要特别注意画纸表面。儿童要在探索时感受画纸的粗糙程度，这样的纸张不同于一般的画纸，后者更多强调表面的光滑性。

记录和展示儿童在视觉和身体触觉上沉浸探索的情景。拍照捕捉儿童探索纹理以及颜色在纸上运动的样子，如儿童用油画棒或色粉笔在纸上画出的第一个线条；用指尖在纸上混合颜色的特写。用一系列照片来追踪记录儿童的探索过程，捕捉儿童的色彩大作的创作过程，如作画时的第一笔、颜色的分层与混合。

记录儿童的思考与发现：

- 他们运用哪些词汇描述纸以及油画棒或色粉笔的质感？
- 关于颜色，儿童发现了什么？如何用油画棒或色粉笔创造新的颜色？
- 他们如何用手指涂颜料作画？

▶ 怎样分享、交流彼此的发现？

展示时，洗出各种尺寸的照片，将它们粘在一张大白纸上，让儿童用照片讲述故事。开始展示时，可能只有一张普通的白纸，慢慢地，它就会变成一张包含各种线条、形状、纹理、色彩的蒙太奇组合画。运用儿童用手混合颜色以及在颜色中蚀刻线条的照片，引发人们关注儿童手指尖里蕴含的知识。也可以在白板上悬挂一张有纹理的水彩纸，并写上简单的提示建议，引导参观者关注自己手中蕴含的知识。孩子们用指尖去了解纸和色彩。闭上眼睛触摸这张纸，你能发现什么？

时间：7月28日

今天上午，萨姆、玛丽亚、布鲁克和利利安娜一起在美术室探索油画棒。他们在厚厚的水彩纸（玛丽亚称它为"粗糙的纸"）上创作，这样可以凸显颜料的浓稠、细滑。油画棒的颜色比较浓重，但质感较为光滑。第一次探索新材料时，儿童研究油画棒的颜色与质感的关系，探索如何用油画棒分层涂色、混合颜色，探索刮去表面颜色后是什么。

萨姆、玛丽亚、布鲁克和利利安娜先在纸上涂颜色。他们下笔坚定，反复地涂画，小心翼翼地画线条。

玛丽亚说："我开始用粉红色，现在我要在上面涂蓝色。蓝色在粉红色上变色了！"

萨姆说："看看我创造的颜色！它变得更酷了！"

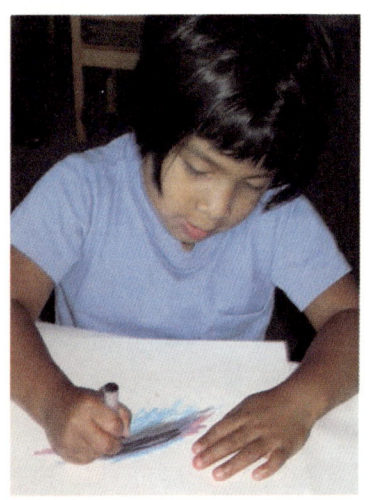

布鲁克说:"我正在创造新颜色——看,同时拿两种颜色就可以!"

萨姆说:"可以用你的手指涂抹——看这个。"

利利安娜说:"嘿!刮一下!用手指刮,就可以设计图案了,例如,刮出很多线条。"

玛丽亚说:"我涂的时候,将粉红色从一边一直涂到另一边。它在绿色下面,藏起来了,看不见。但是当我把绿色擦掉,粉红色又出现了。"

油画棒探索活动进行了较长一段时间后,我给孩子们提供了色粉笔。我想提醒他们注意油画棒和色粉笔在纸上移动方式的不同,画出来的纹理和线条的不同——也就是它们的"可供性"的不同,或者是促使这两种艺术媒介在使用方式方面不同的特质,以及它们作为表达性语言的各种可能性。

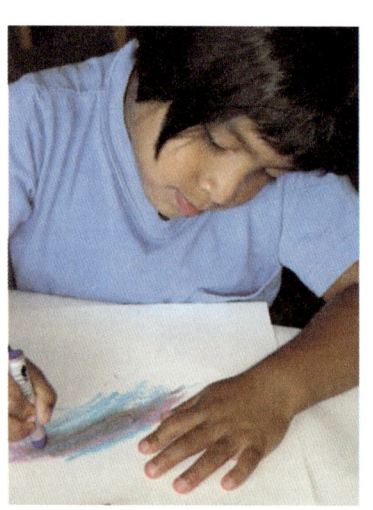

萨姆有条不紊地用色粉笔重描他用油画棒画的线条:"它们有时粘在一起,有时不粘在一起。"

玛丽亚看了萨姆的作品,试着在蓝色油画棒上涂上一层又一层的黑色色粉笔颜料,然后再把油彩涂在色粉上。

利利安娜和布鲁克加入了两种颜料交互使用的探索活动。她把这两种颜料放在一起,画了一条光滑的线和一条灰蒙蒙的线。她提醒小伙伴们注意质感的区别:"一种是粉末状的,另一种是有光泽的。"

就这样,一层又一层,孩子们的创作越来越富有色彩和质感,厚厚的纸上

> 呈现出柔和的色粉画和蜡质光泽。
>
> 　　今天的创作实际上就是在探索两种新的艺术媒介，让孩子们第一次探索油画棒和色粉笔的运动方式、触感，然后用它们画出线条和色块。乍一看，这两个艺术媒介很像我们熟悉的粉笔和蜡笔，但用起来不同，一下子就能让人感受到它们的特质，即用色范围广泛——可以在画纸上混合成各种颜色，这些是粉笔和蜡笔不能做到的；能够创造出更加独特的线条和形状。它们是富有表现力的工具，我们全年都会用它们，它们为我们的肖像画和壁画增添了色彩和质感。

延伸活动

可以在如下情境中运用油画棒或色粉笔：

- 当儿童正在探索图案、纹理和线条时：在一个贝壳、一片叶子上放一张有纹理的纸、泡沫包装纸或者编织垫，用油画棒和色粉笔在纸上涂颜料，将这些物体的纹理拓印在纸上；
- 当促进儿童之间的合作与协商时：几个儿童在一张大纸（例如，一张包装纸）上画图，然后一起在画上涂水彩画颜料；
- 当儿童创作图画，用图画讲述一个故事或者表现某些物体或经历的时候。

第 4 章　三维立体媒介

运用这些艺术媒介进行创作时，应努力做到：

- 为儿童提供感官探索活动所需要的材料，提高其三维立体作品的创作技能，以此增强他们的力量感和效能感；
- 为那些喜欢建构游戏和身体感官游戏的儿童创造各种机会，开启画室探索活动；
- 引导那些主要关注二维艺术（绘画、图画）的孩子们挑战、探索新的艺术媒介。

- 黏土
- 废旧材料和开放性材料
- 金属丝

操作黏土、开放性材料和金属丝，需要儿童身心的双重参与。它们都是很重要的身体感官探索媒介。儿童操作这些材料主要是在做肌肉运动，如按、弯、挤、扭、撕。此外，还有手与材料的互动，包括用手灵敏的感受力去感知艺术媒介的质感、密度和柔韧性。

从视觉上看，这些艺术媒介主要在于形状、线条和轮廓。运用时，儿童需要从多个视角思考作品的组成部分，同时思考如何将各个部分整合为一个整体。

金属丝、黏土和开放性材料为我们提供了理解"艺术"的新思路。一提到艺术，儿童通常就会想到画画，他们也觉得自己喜欢画画，掌握了使用绘画工具的技能，认为自己是艺术家。但我们可以为他们提供三维立体材料，帮助他们扩展对艺术的理解。这样的材料能够吸引儿童花大量的时间搭积木、用绳子打结、搬运东西以及用泥土搭建城堡。强壮的身体和协调的触觉知识使他们很快就能自然、娴熟地运用黏土、金属丝和其他材料。对他们而言,他们和这些艺术材料一见如故。

对于绘画技巧娴熟的儿童,三维立体材料还可以促进他们进一步丰富自己的创作,如让他们的二维作品变得有深度、立体感,可以上下左右移动。它也有助于激发儿童思考线条和形状的空间布局,观察它们如何融洽地组合在一起或者互相碰撞,以及它们怎样保持平衡或是突然倒塌。

三维立体作品的创作活动还可扩展儿童的词汇,促使他们掌握新工具、新技术和新材料的名称。词汇的扩展反过来也促使儿童的语言表达更加细腻、更有见解。

黏　　土

黏土的原材料是泥土,这是一种历史悠久的、坚实的有机物。黏土颜色较深,摸起来很凉,表面湿滑,内部却是颗粒状。用黏土创作需要肌肉参与,如用手揉捏黏土、用皮肤感受黏土。同时,用黏土创作依赖感官,只有经过多次感官探索,才能够了解黏土的易变性和坚实感。

"初步探索黏土:第一阶段"主要让儿童通过丰富多样的身体动作游戏,初步了解黏土。"初步探索黏土:第二阶段"重点探索黏土的特点。之后,基于

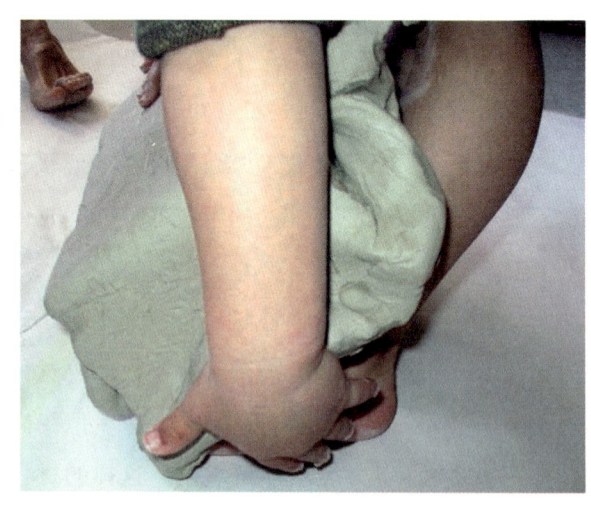

这些初步探索，我们开始了"进一步探索黏土"阶段。在这一阶段，儿童运用已获得的知识，用黏土塑造各种形状。自此，儿童开始用黏土表达自己的想法、经验和观察。

儿童对黏土的探索需要很长时间，不是一天或一周就能完成的。操作步骤也有先后顺序，首先让儿童通过身体动作探索，建构关于黏土的物理知识和经验，然后让他们运用黏土进行表征。

需要注意的是，黏土有多种类型，从土制黏土到人工加工合成的黏土，如橡皮泥、软陶泥及轻型黏土。我习惯给儿童提供陶泥——一种耐火性良好的白色黏土，它光滑、柔软且浓稠。陶泥在窑中被烧制，会逐渐变硬，从而更加持久耐用。

有些塑型材料（如橡皮泥）需要风干。它们的重量非常轻，不能与水混合，所以不能改变其特性。这些材料很容易碎，经常被漫画家使用。

如果可以，建议购买陶泥这样的自然黏土。遇到水，它可以改变特性并变软；暴露在空气中时，它又会变干，是制陶工人和陶艺家们经常使用的材料。给儿童提供这样的黏土，表达了我们对儿童学习权利和艺术创作能力的尊重。同时，这样做也是在邀请儿童进行泥塑——一项具有悠久历史的传统工艺。

初步探索黏土：第一阶段

儿童只有先了解黏土的特性，然后才能运用黏土进行创作。第一阶段强调儿童调动全身各部位进行探索，例如，鼓励儿童爬到大块黏土上，用脚和手指挖黏土，用胳膊肘和膝盖按压黏土。儿童调动身体探索黏土时，也感受着黏土给予他们的不同反应。这样，与黏土的第一次近距离接触开启了儿童之间的对话。

材料

探索需要的材料

- 干净的塑料防水布,铺在地上
- 大约50厘米长、25厘米厚的黏土,所有儿童使用一块黏土

清理需要的材料

- 一桶或一盆水(即使有水池,也要准备),用于清洗胳膊、手、腿和脚
- 纸巾
- 装黏土的密封容器,如密封很严的塑料袋或带盖子的容器

布置美术室

清理出一大块空地,与防水布一样大小,将防水布铺在地上,把黏土放到布的中央。

在防水布边缘放一桶或一盆水,并在水边放一沓纸巾。

探索与创造

邀请儿童调动身体感官进行有趣的黏土探索。

孩子们,来看看黏土。黏土,来看看孩子们!和黏土一起玩耍吧。

把裤子卷起来,光着脚丫进来。穿件短袖,如果袖子太长,就把袖子卷起来,露出胳膊。

当儿童露出胳膊、腿和脚,准备就绪时,邀请他们走到防水布上。

来认识一下黏土吧,可以用胳膊、腿和手来认识它。

刚开始探索时，儿童可能会犹豫，不知道如何开始。教师可以鼓励他们调动全身的各部位进行探索。例如，爬到黏土上、从上面跳下来、用脚和手指抠一抠黏土。

黏土很结实，能经得住你！试着站到黏土上。先爬上去，然后从上面跳下来。

用胳膊肘按压黏土，会发生什么？

把手撑在黏土上。用手按压黏土，你会感受到黏土对你的反作用力。

你能举起这块重重的黏土吗？能让它滚动起来吗？能把它翻过来吗？

让儿童始终在防水布上玩，即使休息的时候，也在上面，这样做可以确保他们的脚始终干净，也可以让黏土保持干净，便于今后再次使用。

儿童在黏土上爬上爬下、爬来爬去时，黏土逐渐变形，变得扁平、宽大。此时，教师注意观察，一旦发现黏土变形，变得更有柔韧性，就鼓励儿童尝试从边角处将黏土卷起来，或者将黏土分成块。最后，黏土将变成一块又大又平的薄饼，或者被分割成许多小碎块。可以组织儿童用黏土做游戏，也可以让他们做简单的工作，例如，将黏土揉成一大块，恢复其本来的样子。

清理

黏土探索活动结束后，教师协助儿童用水把脚、腿、胳膊和手冲洗干净。黏土很干，一般不会粘在孩子们的皮肤上，但可能产生一层粉尘，需要冲洗掉。最好先用水把黏土和粉尘冲洗干净，不要直接在水池里冲，否则冲下来的黏土和粉尘很快会将排水管堵住。

将剩下的黏土重新揉成一大块，以便再次使用。保存时，尽量用塑料袋将黏土密封包裹好，包裹得越紧密，黏土越湿润。如果怕黏土被风干，很容易碎，就往包裹黏土的袋子里加一点水，然后把袋子封紧。

用海绵擦洗防水布，再把它拿到外面，用水管清洗，或者先把防水布晾干，然后再扫干净。

纪录与展示

儿童第一次探索的过程会有很多愉快、有趣的故事值得讲述。用照相机拍下他们探索黏土时的身体动作，如用脚趾按压黏土、用手指挖大块黏土、用手臂抱着黏土、用脚丫在黏土上跳下来等。

记录儿童探索黏土的具体细节：

- 怎样用身体探索黏土？小心翼翼、试探性地探索？非常高兴地探索？很用力地探索？怎样用自己的脚趾、手指尖、胳膊肘、脚后跟、手掌和膝盖探索黏土？
- 他们的探索行为有没有启发你在其他情境也组织类似的身体动作游戏呢？具体怎样组织游戏呢？
- 他们玩黏土时有没有谈论什么？有没有将玩黏土的经验和先前的其他经验联系起来？

为了更好地展现儿童探索时的身体动作，要多配图片，而不只是文字记录。文字要简洁，只要能引起别人关注儿童与黏土之间开始建立的互动关系即可。

时间：3月24日

儿童如何与黏土交朋友？他们像亲密的好朋友一样，一见面就伸出胳膊互相拥抱，坐得很近，不用语言就能交流。

雷切尔、安娜和杰萨今天早上开始与黏土建立这种友谊。地上除了一块又大又白的防水布之外什么都没有，防水布中央有一块浅灰色的陶泥。"孩子们，看看这块黏土。黏土，来看看孩子们，"我对孩子们说，"用我们的身体和黏土一起游戏吧"。

他们首先用手指试探性地碰了碰黏土，向黏土介绍自己，并等待黏土回应。渐渐地，从他们友好的姿态中可以看出，他们已经有把握了。于是，我鼓励他们大胆地运用黏土玩大肌肉动作游戏："试一试站在黏土上，它很结实，能经得住你。感受一下，脚踩在上面是什么感觉。能用你的脚趾探索黏土吗？"

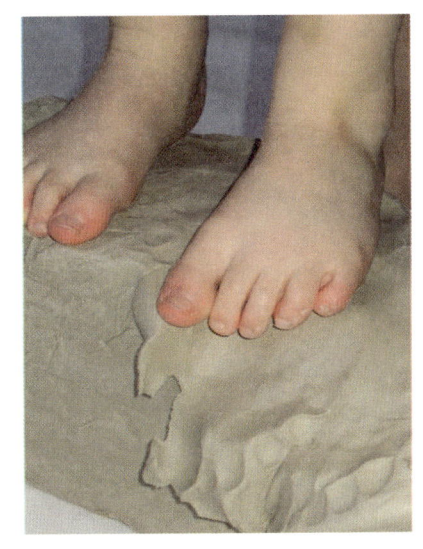

安娜第一个站到黏土上，小心翼翼的样子。之后，其他孩子也凑过来。安娜感到凉凉的，咧嘴笑了起来。其他孩子看她笑了，也很快爬上黏土，和她站在一起。"跳！"雷切尔喊道。这也引发了孩子们的黏土游戏。女孩们爬上黏土，再跳下来，用脚趾挖黏土，在上面跺脚，跳来跳去。慢慢地，黏土形状发生了改变，对儿童游戏给予了回应。

雷切尔全身倚靠在黏土上，双手用力地按压黏土。这时，我对他们说："你们能不能把这块黏土翻过来？"于是，雷切尔和安娜用力摔打、揉捏黏土。只听"啪"的一声，黏土被翻了过来。

友谊是朋友之间形成的对彼此的信任和爱护之情，代表朋友之间的友好关系。

今天早上，杰萨、安娜和雷切尔与黏土建立了友谊关系，这让他们可以完全开放地、饶有趣味地、满怀好奇地去探索黏土，了解黏土如何运动、改变形状以及有怎样的触感。在今后的几个月里，儿童将尽情探索，欢快游戏，这种友谊关系也将会随着身体感官探索活动的不断推进而得以深化。

延伸活动

可以在如下情境中使用黏土：

- 讲述有关身体感官游戏的故事：给孩子们提供一大块黏土，代表他们自己，然后让他们用黏土作为故事板（如法兰绒板），表演攀爬、跳跃和躲藏游戏。
- 引导合作：建议孩子们一起研究如何改变黏土的形状，把黏土举起来或翻过来。

初步探索黏土：第二阶段

第二阶段的探索旨在进一步巩固儿童在第一阶段通过全身心探索活动而与黏土建立的关系。现在将黏土挪到桌子上，每人操作几小块，并给黏土加水，改变其质感。引导儿童继续建构有关黏土的物理知识，关注黏土的运动和质感，之后再开展最后一个阶段的泥塑活动。与前一阶段相比，此阶段探索更复杂，因为这里融入了新元素——水。

材料

探索需要的材料

- 给每个儿童一块盖着画布的木板：把大木块切成一块块边长为30厘米的正方形木板。然后，把一大块结实的、未染色的画布裁成小块，大小稍微比木板大（可以用防水幕布，在建筑用品商店可以买到）。将画布展开，铺在木板上，并用订书机将木板和画布订起来。整个

黏土探索活动会一直用到木板，所以值得花时间和精力去制作它
- 每人一块干净的海绵（海绵只用于黏土探索活动，不用于绘画等其他活动以及日常清理）
- 一块陶土
- 切黏土的工具（可以在艺术品商店买到专门用于切割黏土的金属工具）
- 工作服
- 水桶或木盆，里面盛少量水，或者准备一个水池，让儿童在里面蘸湿海绵
- 在地板上铺一块塑料防水布或幕布

清理需要的材料

- 一桶或一盆水（即使有水池，也要准备），用于儿童洗手
- 纸巾
- 装黏土的密封容器，密封严实的塑料袋或者带盖子的容器

布置美术室

在桌子底下和桌子周围的地板上铺一层塑料防水布或幕布，因为探索过程杂乱，所以需要这样做。

在桌子上为每个儿童创设一个工作区，将裹着画布的木板摆在儿童面前，在木板上的一角放一块干海绵。

如果没有水池，那么在儿童工作的桌子旁放一个水桶或木盆，里面装上少量水，然后把海绵蘸湿。这里的水和清理环节用的水不一样。

探索活动结束后，在桌子旁放一个水桶或木盆，里面盛少量的水，在附近放一些纸巾，供儿童洗手用。即使有水池，也要让儿童在桶里洗手，不然黏土会很快堵住水池。

探索与创造

提醒儿童回忆第一次探索黏土时的经历，欢迎他们开展下面的活动。

这又是一块黏土！还记得自己第一次见到它的情景吗？脱掉鞋子和袜子，卷起袖子，用全身和黏土一起做游戏！关于黏土，你们还记得什么？

根据新情景向儿童介绍黏土。

今天，我们要在桌子上用手对黏土进行创作。

这块裹着画布的木板就是工作的地方。在画布上创作比在桌子上容易得多，因为黏土会粘在桌子上，但不会粘在画布上。

用黏土创作时，把海绵蘸湿。有时黏土会被风干，蘸了水的海绵可以润湿黏土。

协助儿童在水桶里或水池里蘸湿海绵。

将海绵浸到水里，翻个面，再浸到水里，这样海绵的两面都被蘸湿了。用手挤一挤，把里面的水挤出来！不过不是全都挤出来，挤出大部分的水就行，还会有一部分水留在里面。慢慢地，做得多了就会知道需要从海绵里挤出多少水。

一旦儿童就座，海绵也被蘸湿，就立刻让他们将黏土切成尺寸恰当的小块——不能切得太大，那样不好操作；也不能切得太小，让人没兴趣创作。这是令人兴奋的一步，教师应和儿童一起创作。

软化黏土

黏土最初很硬，需要教儿童软化它。边描述过程边演示。做的时候，慢慢地进行每一步，以便儿童跟着你一起用黏土创作。

用黏土创作的第一步是肌肉运动，需要先软化坚硬的黏土，然后改变它的形状。

首先用海绵把黏土润湿。把海绵放在黏土上，拿捏好手劲，轻轻地快速挤压海绵，滴出几滴水就够了。

接下来做肌肉运动，将水和黏土混合。混合时，挤压黏土……揉搓……推按……揉捏……滚揉。

边说边演示每个动作，以及混合和揉捏的动作。

不停地给黏土加水，继续混合！

注意观察儿童是否需要教师的指导或鼓励，但不要过多指导用多少水，或者怎样做才不会乱七八糟。这一阶段，儿童主要研究和探索黏土在不同情况下的特性，如风干后、浸满水或者只加一点水。不管怎样，能把黏土润湿就行。

鼓励儿童一边探索，一边观察和反思。

黏土遇水后，有什么变化？

水慢慢地软化黏土，黏土好像要变成一摊泥了，摸起来一定很光滑！

黏土上有很多裂缝，感觉它很干吗？很容易碎吗？

探索形状和质感

黏土最终变得柔软、可塑。注意多种用黏土塑型的方式，以及水是怎样影响黏土形状的。

你知道怎样改变黏土的形状吗？试着折叠、弯曲、拉伸、揉平或者把黏土卷起来。

用黏土塑型时，它能始终保持同一个形状吗？为什么它能保持或者无法保持同一形状？

什么样的黏土最适合塑型？完全湿的黏土还是完全干的黏土，有一点湿的黏土还是有一点干的黏土？

一些儿童完全沉浸于探索黏土特性时的感官体验。他们会把黏土溶解为黏稠、颗粒状的泥土，就像研究者研究水对黏土的影响一样。这也是今后用黏土进行创作的重要环节。教师指导时，避免打断他们的研究，告诉他们应该往黏土里加多少水。当然，也要稍微控制混乱的局面，帮助儿童把湿的黏土放到水桶里，再给他拿一块新的黏土尝试。在大部分情况下，最好是给他们的研究提供支持。

你的黏土怎么了？黏土原来什么样？我看到了一大摊泥。怎么变成这样的？

有些儿童倾向用黏土表现某个物体，进行创作。他们会根据黏土的形状命名，如"它看起来像一座火山""是一条蛇""一块薄饼""它是一个棒球"。实际上，儿童在给黏土命名的同时，也在解读黏土。教师应通过描述由黏土形状引发的联想，重视儿童对黏土形状和图案设计的认识。

它像一座火山，底下厚厚、圆圆的，越往高处越细越小，是个锥形。
这块黏土又长又细，而且还有点弯曲，像条蛇。
它又圆又扁，像块大饼。
这块黏土圆滚滚的，放在手里像个球。

有一些儿童可能要用黏土做东西。此时，教师应告诉他们要像艺术家那样"随意摆弄"，这一点十分重要。

雕塑家经常花费很多时间做各种尝试，试验各种不同的想法，看看能做什么，不能做什么。你们也可以像艺术家那样，随意摆弄黏土，过一会儿再看它能不能激发你们的创作灵感。
想做一朵花吗？尝试用黏土制作花茎和花瓣。你发现了多少种用黏土制作花的方法？

开始时，鼓励儿童随时观察自己创作的作品，而不是把作品保存起来或者带回家。这样做可以激发他们不断地尝试，"随意摆弄"，将注意力聚焦于过程而非最后的作品。渐渐地，随着创作次数的增多，他们对艺术材料的运用会更加得心应手，为他们的泥塑创作留下更多的空间，能更加自如地重新审视和修改以前的作品。

有时，因为儿童创作的时间太长，黏土会干裂。这时，提醒他们从海绵中挤出几滴水，润湿黏土。同时，建议他们把手放在海绵上摩擦几下，保持手掌的湿润。

如果海绵干了，那么提醒他们重新润湿海绵。

创作时，儿童的手和胳膊上都会粘上一层黏土，有时只是粘上一层薄薄的粉状黏土，有时则可能会粘上很多大块黏土。一旦黏土在孩子们的皮肤上风干，皮肤就会发痒，因此要向儿童示范用海绵把手和胳膊上的黏土和粉末擦掉，或者可以用水清洗（记住不要用水池）。

清理

黏土探索活动之后，指导儿童在水桶或木盆里把海绵洗干净。

蘸湿，挤干净里面的水，再蘸湿，挤干净里面的水，这样反复五次，就可以把海绵洗干净了。

最后一次洗的时候，将海绵浸到水里，然后拿出来用力挤，把水全部挤干净。

将海绵放在敞口的篮子里，晾干。随后，将海绵和其他黏土材料一起收起来。其他艺术创作不会用到海绵，也不能用海绵做清理工作。

有时木板上会留下很多湿的黏土。教师可以自己处理，也可以请儿童帮忙。把水桶挪到桌子旁，用海绵将桌上的泥擦到桶里，之后把木板放在架子上晾干。

如果还残留一些小黏土块，而且稀稀软软，就把这些黏土刮到带密封盖子的塑料容器里。之后，儿童尝试创作各种泥塑作品时，仍可用这些软黏土做大泥釉或泥胶。

完好无损的黏土可以再次使用，把这部分黏土放在密封的塑料袋里。

让儿童先在水桶里把手上的黏土洗干净，然后再在水池里彻底清洗。

如果水桶里装满掺杂黏土的水，将水倒进厕所，然后把桶洗干净，并把它和其他材料放在一起。

纪录与展示

儿童对黏土的了解、与黏土的关系随着一次次的探索而逐渐加深。纪录与展示讲述了这种关系逐渐发展的故事。

用拍照的方式捕捉儿童逐渐熟悉黏土的过程，如用手按压黏土、脸颊粘上了黏土、胳膊粘上了干黏土。继而，拍下手部动作，如用指尖按压黏土；用拳头使劲压黏土，黏土在手指间渗出；把全身力量集中在手掌上，用手掌使劲按压黏土；用手拉伸、滚揉和敲打黏土。如果儿童开始解读黏土的形状（"一座火山""一条蛇""一块薄饼"），教师就可以近距离地拍下这些形状。

记录儿童探索黏土时的细节：

- 给黏土加水后，用什么词语和声音描述黏土质感的变化？
- 用黏土和水进行创作时，讲述了怎样的故事？
- 工作时，他们的身体姿势和动作怎样？是站着的还是坐着的？是身体向前斜靠着黏土还是和黏土保持一定的距离？用力按压黏土时，脚离开地面了吗？
- 现在的表现与早期调动全身探索黏土之间有什么关系？
- 关于水与黏土的相互影响，有没有发现什么？是如何发现的？
- 怎样相互协作，分享各自的观察和理解？

在展示中加入教师对儿童日益增长的黏土知识的思考和观察，引用孩子的话，配上他们工作时的照片。可以向参观者发出邀请，请他们思考运用自己的手进行学习的经历。

> 通过动手操作，你掌握了哪些知识？
>
> 想一想，你是怎样学习烤面包、编织、修理汽车引擎或在键盘上打字的？你的手越来越自信，越来越灵巧。学习这些时，需要具备哪些手部操作技巧呢？

展示为我们开辟了理解儿童黏土创作的新思路，让我们将展示焦点和重点从结果转向过程，从儿童最终用黏土创作的作品转向通过双手获得的知识。

时间：11月6日

今天早上，奥利维娅、米利亚、阿里安娜、利亚姆和洛根在美术室里做泥塑，着迷于改变黏土质感和密度，探索黏土的坚固性和柔韧性。开始时，他们只用手和蘸水的海绵操作，过段时间用工具操作。这样做可以让处在早期探索阶段的儿童在操作过程中发展自己与黏土的关系，了解它的特点。

在探索黏土的特点时，他们往往会一起讨论，分享彼此的观察所得。

奥利维娅："我的黏土硬得像冰一样！"

米利亚："我的黏土硬得像岩石。"

阿里安娜："黏土很容易被拉成两段，因为手湿了。压了几下，它就变软了。你试试，米利亚。把你的手也弄湿，然后压一压黏土。"

奥利维娅："黏土变得像小兔子一样软。我从海绵里挤了很多水，它就变得越来越软。现在，它已经快成泥胶了。刚刚它还立在画布上，后来我往上面滴了几滴水，不一会儿，有些地方就变糊了，好像我的手上有肥皂一样。"

利亚姆从海绵里挤了很多水,滴到黏土里,黏土因此变得非常湿,黏土和水混合了在一起。过了一会儿,他解释说:"水把它变得又湿又黏,放到画布上很光滑。"

奥利维娅:"我挤压黏土时听到滴答的声音,是水滴出来的声音,水混合到黏土里了。"

利亚姆:"黏土变成泥了。需要新的黏土,这块黏土太湿了,放在画布上很滑,要散了,我什么都做不了。"

阿里安娜:"我没往黏土里加那么多水,当然就很难把它压扁了。"

安[1]:"黏土要硬一点,这样才能捏出你想要的形状。"

奥利维娅:"我捏的黏土像百吉饼上的奶油干酪。"

洛根:"我的黏土正变得又干又硬。"

安:"为什么你觉得它变得又干又硬了呢?"

洛根:"因为我正在不停地拍打它。"

安:"为什么拍打它,它就会变得又干又硬?"

洛根:"因为我拍打得又猛又快。"

安:"为什么又猛又快地拍打,黏土会变得又干又硬?"

洛根:"因为空气让它变干了。"

阿里安娜:"我把黏土拍平了。"

洛根:"黏土太好玩了,我正在做实验。拿出一块黏土,然后再拿出一块,把它们压在一起。"

安:"你猜会发生什么?"

---

[1] 安是本书作者。——译者注

洛根:"粘在一起了呗。"

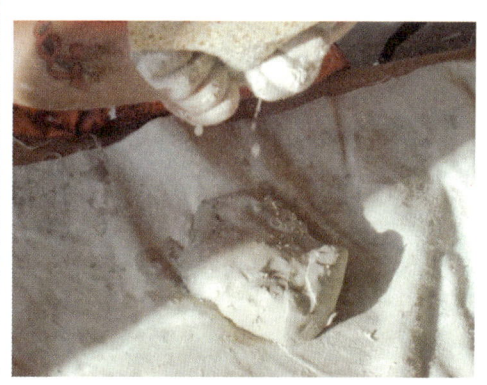

在进行了诸多感官探索后,孩子们开始用黏土表现某些物体,进行表征性创作。这是感官探索的延伸,孩子们的关注点从触觉经验转向视觉探索。在操作过程中,他们逐渐发现黏土的形状会让他们想起某些特定的物体。于是,他们不断改变黏土的形状,按压、折叠,抠出黏土块,然后将其描述成:

"一个洞!"

"一个人!"

"一座火山!"

"一个好玩的球!"

"一个小鸟巢!"

在此后的几周中,我们将用更多时间进行黏土活动,不断增强孩子对黏土的可塑性等特性的了解,使其成为可以交流和表现的工具。

延伸活动

可以在如下情境中使用黏土：

- 探索黏土的形态变化：往固体黏土里加水，使黏土变成一摊泥；再把泥放到外面几个小时，泥就变成了干土。
- 玩游戏、想象：把黏土挤压、卷起、按压、折叠出能引人遐想的形状。然后，提问："这让你想起了什么？"

进一步探索黏土

通过前一阶段的身体感官探索，儿童掌握了相关知识，发展了相应技能，这些都为他们接下来开展创作活动奠定了坚实的基础。在进一步探索黏土的活动中，儿童将有目的地用黏土塑造各种小物件，然后放到砖窑里烧制、上釉、抛光，制作成可以永久保存的作品。

材料

探索需要的材料

- 每人一块裹着画布的木板
- 每人一块干净的海绵（海绵只用于泥塑活动，不用于绘画等其他活动以及日常清理）
- 一块陶泥
- 切黏土的工具（可以在艺术品店购买专门用于切割黏土的金属工具）
- 带密封盖子的塑料容器，或者在早期探索阶段装泥釉的容器
- 一卷保鲜膜
- 晾干架，可以把完成的泥塑作品放在上面晾干
- 每个儿童一套工作服

- 水桶或木盆，里面盛上少量水，或者准备一个水池，让儿童在里面蘸湿海绵

清理需要的材料
- 一桶或一盆水（即使有水池，也要准备），用来洗手
- 纸巾
- 装黏土的密封容器，如密封严实的塑料袋或者带盖子的容器

布置美术室

将裹着画布的木板和海绵放在架子或桌子上，方便儿童取用。如果没有水池，那么可以在工作桌旁边放一桶或一盆水，用来浸湿海绵。

即使有水池，也在桌子旁放一盆水，让儿童洗掉手上的黏土块，因为直接往水池里冲洗，黏土块会把水池堵住。在桶边放一沓纸巾。

探索与创造

引导儿童布置工作区，欢迎他们探索与创造。

布置工作区，像艺术家在画室里所做的那样。还记得上次用黏土创作时，我们是怎样布置工作区的吗？

先在你的位置上放一块木板，这块木板就是你的工作区。

在水池或桶里蘸湿海绵。将海绵蘸点水，翻过来，再蘸湿另一面，两面都蘸湿。现在挤几下，把里面的水挤出来，但不要全都挤出来，留一点儿！然后把海绵放在木板上部，这样既容易够到，又不会妨碍工作。

在儿童放木板和海绵时，给他们每人切一块大小适当的黏土。鼓励他们重新建立与黏土的关系。

小手还记得黏土吗?

手会怎样和黏土说"你好"呢?

提醒儿童先软化黏土。

黏土从塑料袋里拿出来时是硬的。让它变软,用它捏出新形状。滚揉、挤压、拍打黏土……

往黏土里加点水,这样它才能变软。用海绵给黏土加水。

用海绵把手弄湿,这样也会让黏土变软。

揉压黏土

在儿童做好准备工作之后,黏土就可以用于塑型了。先教儿童揉压黏土,揉压黏土是做泥塑以及烧制黏土的前提。

在做泥塑时,你有时会随意创作,进行各种试验,有时想用它塑造出某样东西——某样可以保存的东西。要做可以保存的东西,就需要揉压黏土。揉压黏土可以排除黏土中的气泡,让泥塑作品更结实。

拿一大块黏土,滚揉、滚揉、再滚揉。拍打一端,再拍打另一端,这样不断地滚揉、拍打黏土。

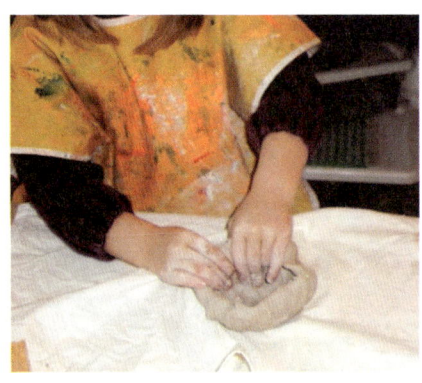 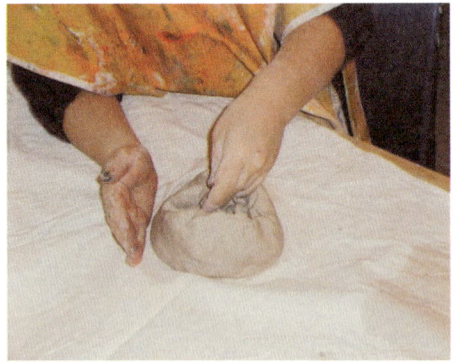

边说边示范。来回滚揉一段时间,并在桌子上拍打每一端,好像制作

圆柱体泥块。泥块要有一定的厚度，做成粗矮的样子。

反复滚揉、拍打五次。滚揉、滚揉、滚揉，然后拍打一端，再拍打另一端，这算一次。

开始制作时，孩子们的动作很笨拙，做出来的黏土也很奇怪——细长或者非常短的一小段。重复几次，让孩子们逐渐熟悉这个过程，知道用多大手劲来按压、滚揉，用多大力气来拍打。五次滚揉和拍打后，黏土会变成厚实的圆柱体，可用于泥塑。

泥塑

儿童第一次制作的基本都是小碗、小杯子或者小罐子。指导他们学习简单的制作步骤，且边描述边示范，让他们跟着你一起制作。

把揉压好的圆柱体黏土立在木板上。

用大拇指按压圆柱体顶部，用其他手指压圆柱体的外壁。

不停地转动小罐子，每边都按一按、压一压。

示范一圈圈地转动圆柱体，保持黏土外壁厚度，让小罐子不会倒向一方，重心不稳。

制作时，提醒儿童注意黏土和小罐子的细节。

如果黏土有裂缝，说明黏土正在变干。从海绵里挤几滴水，把它润湿。也可以用手从海绵里蘸点水，让手保持潮湿。

从这边看，罐子的外壁多高啊！想让罐子的一边特别高，还是想让所有边都一样高？如果想让它一样高，把手指挪到矮的那一边去，花几分钟把每一边都弄得一样高。

用力按压黏土，它会变得很薄。轻轻按压，它就会很厚。能告诉我做罐子的时候应该在哪里用力按压，在哪里轻轻按压吗？

看到罐子壁上有个小裂口了吗？黏土裂了。用手指把黏土润湿。然后，把黏土抚平，裂口就没有了。

　　罐子顶边太薄了，像花儿一样向外弯曲。这是你想要的形状吗？如果是，可以让它再弯曲一些；如果不是，把它折下来，让外壁变得矮一些、厚一些。

　　儿童按压罐子时，可能会出现令他们后悔的情况，如一按，罐子就碎了——可能是因为罐子外壁太薄、太高或者裂开了，也可能是因为底部有洞。不要担心！教他们把按碎了的黏土重新揉成球，重新揉压（滚揉、滚揉、滚揉，然后轻拍、轻拍，反复五次），再将其塑造成圆柱体。

　　如果儿童对罐子很满意，那么邀请他一起再次研究作品。

　　你最喜欢罐子的哪个地方？

　　你觉得制作过程中的哪一部分最难？你是怎样解决这个问题的？

　　在泥塑过程中，你学到了什么，会用在下次的泥塑活动中吗？

　　把做好的罐子晾干，然后带回家，或者条件允许，可以放到干燥炉中。可以用雕刻工具、小刀或曲别针在泥塑作品底部刻上儿童的名字。然后，将罐子放回木板上，并用一块塑料布松散地盖在罐子上。这样做可以让罐子慢慢变干，防止黏土破裂和散开。在晾干的过程中，儿童将木板（连同木板上面的罐子）放在架子或桌子上，这样放几天也不会被人碰到。

　　在活动结束时，如果仍有孩子在做泥塑，那么帮他先用塑料保鲜膜把作品包裹起来，然后把底部边缘紧紧掖好。塑料布可以保持黏土湿润，确保儿童以后可以再重新塑型。

　　制作小罐子让儿童逐渐明白怎样才能有目的地、富有想象力地塑造黏土。在制作的过程中，他们学习如何保持作品各部分的密度和尺度均匀，如何发力与轻揉，并在有目的地操作与让黏土自然成型间保持一定的平衡。

丰富儿童的雕塑技巧

儿童不仅可以做罐子，还可以做自己想要做的其他作品。帮助他们学习其他技巧，增强其理解力。

儿童（包括成人）会对如何用黏土塑造小动物或其他物体感到困惑。例如，想要制作一只猫，但真正做的时候，把一块黏土塑造成一只猫往往比较困难。这时，指导儿童把猫的形象分解成各个部分，看一看猫的身体结构。

想制作一只站着的猫、坐着的猫还是蜷缩着身子睡觉的猫？

想一想，猫身体的各部分都是什么形状。坐着的猫有椭圆形的身体、圆形的头、三角形的耳朵、长方形的腿和又细又弯的尾巴。

有时候，儿童会用黏土作画，而不是用它塑型。他们把黏土片放在画布上，进行平面组合。所以，在揉压黏土之后，可以鼓励他们用圆柱体黏土塑造立体的图像。

教儿童用黏土制作立体图像——按压、拉拽黏土，而不是将黏土分割成许多小块，然后把它们粘在一起。这样，可以让创作出来的作品更加结实、持久。

揉压黏土之后，我们得到一块圆柱体黏土，酷似猫的身体！把圆柱体顶部塑造成猫头，然后在头上拉出耳朵，只要在头上拉出两小块黏土就可以。黏土还是一整块，一块黏土可以做成耳朵、头和身体……

儿童如果确实需要将两块黏土连接在一起，例如，给猫加一条尾巴，那么就向他们示范泥胶的使用方法。泥胶是一种非常软的黏土，像胶一样，可以将几块黏土粘在一起。在第二阶段探索活动中，我们收集了一些黏稠的黏土并放在容器里。如果要制作泥胶，就可以把黏土放在水里捣碎，直到它变得又稠又黏，像做饼干的面团一样。之后，把泥胶放到密闭的容器里，经常往里边加水，保持它的黏稠度。

泥胶像胶一样。使用泥胶之前，先在黏合的部位刮擦几下，这叫"刮擦黏土"。

向儿童示范如何刮擦黏土。不需要刮擦得太多，只要让黏土表面变得粗糙、有纹理即可，从而粘得更好。可以用专门的黏土刮擦工具，也可以用临时准备的塑料叉子、边缘有些粗糙的木头以及曲别针。黏合在一起的两块黏土都要刮擦一遍。

刮擦之后，在黏土上抹一些泥胶，然后将两块黏土按压在一起。用力按压，让黏土粘牢，但也不要太用力！两块黏土之间的平衡关系很微妙，可以一边做，一边把握。

制作过程中，儿童还会探索重量、体积和稳定性的关系。例如，探索做大象腿需要多厚的黏土，做马脖子需要多稠密的黏土。此外，这其中还涉及平衡问题。例如，要在什么角度才能使马的脖子既可以伸长，又不会歪倒？泥塑可以激发儿童持久的好奇心，使他们乐于探索，敢于冒险，放声大笑，并愿意重新开始。

如果要将黏土放到窑里烧制，那么保持黏土各部分厚度一致就非常重要。如果黏土各个部分厚度不均，那么当较厚的部分还潮湿时，较薄的部分可能快干了，这样泥塑作品就会破裂或粉碎。因此，如果发现某个儿童的作品厚度不均，那么就要尽快帮助他们挤压黏土块外壁、边缘或底部，保证厚度均匀。同样，如果某个儿童的黏土块有一部分又大又厚，像火山底部，那么最好帮他挖空里面，这样黏土在烧制过程中才不会破裂。

作为教师，我们所有介入儿童黏土（以及其他媒介）创作的工作都意在为儿童提供知识和技能，帮助他们轻松自如地使用黏土。教孩子学习一门新的语言时，我们通常会教他们词汇、语法和句法。我们不会给他们几个单词就退后，期待着他们通过自己的摸索明白自己需要知道什么。同理，当我们教孩子们黏土的语言时，也要尽可能多地提供工具。我们的目的是帮助孩子们发展技能与知识,以便他们能够自信地运用黏土去表达自己的想法和经验;给他们提出一些技能技巧方面的建议,使孩子们完善自己的作品,从而更充分地表达自己的意图,这些体现了我们对他们的深切尊重。

烧制黏土并上色

黏土晾干后会变硬,容易破裂、粉碎。在窑里烧制后,黏土会变得结实,最终成为陶器和泥塑作品。如果没有窑,看一看附近的社区中心、高中、陶器用品商店。这些地方通常会有自己的窑,社区里的人都可以使用,并且通常是免费的或者只收一点费用。

烧制完黏土,用蛋彩颜料或丙烯颜料给黏土上色。颜料变干后,这个作品就算完成了(当然,不涂颜色,作品也是完整的,很可爱)。

儿童如果有机会进入窑中,就可以给泥塑作品上釉添彩。上釉后的陶器需要再进行一轮烧制;窑炉的高温使颜色愈发鲜亮,最终烧制出光泽鲜活的泥塑作品。釉料可以在陶瓷商品店、艺术品商店以及原创陶绘店购买。有液体釉,也有粉状釉,使用前需要与水混合。通常,釉料颜色在烧制时会发生较大变化,所以有必要让孩子们先看一下烧制后的样品,这样有助于他们选择自己作品所需的颜色。透明釉料会使黏土更加光亮。

用颜料刷给黏土作品上釉。可以把釉涂在任何表面,但不能涂在底部——因为泥塑作品的支撑底座要接触桌面。如果底部涂上了釉,就要在它还没干的时候擦掉。

晾干釉后,把作品放在窑里烧制。经过二次烧制之后,将作品从窑里拿出来,就算完成了一件成品!

清理

在完成黏土作品之后,让儿童在水桶或木盆里清洗海绵,然后将海绵放到敞口篮里,晾干。把海绵和其他黏土材料收起来,这样,海绵就不会用于其他艺术活动，也不会被当作清理工具。

儿童先在桶里或盆里洗一下手，然后再在水池里彻底清洗。

把没用过的黏土收起来，装在密封塑料袋中。刮掉留在木板上的黏土块，把木板放在架子上晾干。

把桶里的黏土水倒进马桶里，要避免堵塞下水道。

纪录与展示

儿童与黏土之间的故事在他们一次次探索黏土的过程中不断得到发展。纪录与展示向我们展现了这些故事，也详细地展现了他们日益增长的黏土知识、对操作技巧的掌握以及运用黏土进行的经验交流和观察所得。

在儿童制作罐子和其他泥塑作品时，通过拍照捕捉他们制作时的技能及关注的焦点，如用手指把黏土抚平，折叠、按压黏土；头转向黏土，眼睛注视着黏土，皱着眉头集中注意力等。将一件泥塑作品形成的全过程拍下来，如开始时将黏土揉压成圆柱体，然后一步步地给黏土塑型。这样就可以获得泥塑作品创作过程的一系列照片。

记录儿童创作时的各种言论：

- 怎样谈论自己的创作技术？
- 怎样谈论黏土的质感、颜色和运动方式？
- 用黏土创作时，讲述了怎样的故事？

记录儿童在创作中运用的技巧：

- 在掌握了揉压黏土的技术之后，做出了怎样的尝试并最终获得成功？塑造出某种形状了吗？创造了三维的黏土块，而不是二维的平面吗？有没有让黏土始终保持湿润，不开裂？用泥胶粘黏土了吗？厚度和高度平衡了吗？
- 怎样运用早期探索黏土时获得的知识？

▶ 如何分享各自的理解，互相提出建议和批评？

在公告板或墙上展示儿童的黏土作品，并配上大幅照片和简要文字提示。例如，展示某个儿童揉搓黏土时手部的近景照片，并用文字简短地描述步骤，或者展示某个儿童用拇指和手指挤压罐边的照片，用简短的几句话说明他是怎样努力保持高度与厚度之间的平衡的。还可以将他们如何用黏土塑型、如何创作三维作品、如何使用泥胶以及如何保持黏土湿润等方面的照片和文字展示出来。可以让儿童协助撰写文字内容，给照片配上指导语。可以将这些照片和文字制作成小册子、活页夹或手工书，使其成为一本关于用黏土进行创作的艺术指导手册，以此表达你对儿童所获得的关于黏土知识的重视。

展示泥塑作品时，把作品放在一个后面和下面都有镜子的架子上，让参观者从不同的角度观察作品。制作类似博物馆用的标签，如在白色索引卡上写上黑体字，内容为雕塑品的名字和艺术家的名字，如《猫》（伊丽莎 作），然后将卡片折叠，立在每件泥塑作品旁边。

> 时间：2月6日
>
> "辛克莱，怎么做出那么酷的恐龙的？"德鲁带着羡慕的表情，注视着辛克莱几周前做出的雷龙。恐龙刚从窑里被拿出来，立在工作桌旁的架子上，成为孩子们今早关注的焦点。
>
> 德鲁、麦肯齐、卢卡斯、哈利和辛克莱一起准备把黏土块做成泥塑作品。他们揉压好黏土，通过滚揉和拍打，把黏土中看不见的气泡挤压出去，这样放在窑里烧制就非常安全。
>
> 我把雷龙放到工作桌上，这样孩子塑造黏土时可以随时观察，同时让辛克莱作为小老师，指导同伴做雷龙。"首先要做什么？"我问辛克莱，"怎么开始？"
>
> "首先，要做出肚子的形状，"辛克莱说，"不是球，是像肚子一样。我

做给你们看"。接着,她示范如何将揉压好的黏土滚揉成一个椭圆形。

"然后做腿,再做尾巴。最后做脖子和头。"

德鲁、麦肯齐、哈利和卢卡斯仔细地听辛克莱的介绍。我将这四步按顺序记录下来,并给每一步都配上简短的说明,之后把记录放在桌子上,便于孩子们可以随时翻看、参照。这样,每个学习者都把黏土揉成了圆形,并举起来给辛克莱看,让她检查。然后,她予以反馈和指导,例如,"不要这么圆""底下再平一点""顶部光滑一点"。

当每个孩子都做出一个令人满意的肚子时,他们又开始做短腿、长尾巴和更长的脖子。在他们做完各个部位后,我叫他们一起来学习如何使用泥胶。我用类似刀叉的工具示范如何刮擦需要连接的地方,使其粗糙,然后涂抹泥胶,用泥胶把黏土粘起来。工具和泥胶都很吸引人,所以哈利干脆不做恐龙,开始玩泥胶和工具。他拿来许多块黏土,用工具刮擦,在上面涂厚厚的泥胶,然后将黏土粘在一起。德鲁、麦肯齐和卢卡斯用恐龙按压泥胶,操作过程中用了很多泥胶!

最后,麦肯齐和卢卡斯都做了他们喜欢的恐龙。我们在泥塑作品底部刻上他们的名字,并且把作品放到外面晾干。德鲁也用泥胶,但失败了,恐龙最后塌成了一摊泥。他十分灰心,流下失望的眼泪。卢卡斯站在德鲁旁边,看他失望的样子,表示很同情,鼓励他再做一次。过了一会儿,德鲁开始动手。他重新揉搓黏土,像哈利那样使用工具和泥胶,自由制作泥塑作品,并享受黏土光滑、细腻的感觉。

与此同时,辛克莱也想要再制作一个多刺的恐龙——雷龙的同伴。于是,她又开始揉搓黏土,并解释道:"我说了那么多了,现在我想再做一个,不教他们做了!"

我很欣赏孩子们合作的过程。辛克莱和大家分享她的做法,哈利、德鲁、麦肯齐和卢卡斯扮演学习者的角色,问问题,提想法,并且在桌子上互相传递工具和泥胶。他们之间充满信任、放松的氛围以及在研究泥塑时建立起来的深厚友谊,让我很感动。

延伸活动

可以在如下情境中使用黏土：

- 当儿童正在探索、感受身体的力量和付出的努力时，如提供一块硬硬的黏土，让他们把黏土拍得又软又平；
- 当儿童研究结构、形状或者某些需要在三维空间验证的想法时；
- 当他们试图将一个故事或一段生活经历生动地表现出来时，如塑造故事或经历中的关键要素或特征；
- 当儿童学习合作时，如几个孩子一起使用一块黏土，共同制作一件泥塑作品；
- 当儿童研究纹理或线条时，如在黏土上印刻纹理或线条，就像化石上留下的印记一样。

废旧材料和开放性材料

食品盒、手纸筒、软木塞、果汁瓶、电话线……这些"可任意使用"的材料都是儿童早期美术教育的宝贵材料，可以激发儿童的创作兴趣。在儿童手中，食品盒不再是装食品的容器，而是变成洋娃娃的家，而且盒底还有一个小门；纸巾变成窗帘；软木塞变成烟囱，里面还有用金属丝做成的袅袅炊烟。

材料

探索需要的材料

- 废旧材料和开放性材料：食品盒以及从杂货店买东西后剩下的普通盒子（如牙膏盒、装冷藏肉的盒子）、手纸和手纸筒、酸奶盒（盖）、苏打水瓶盖、胶卷盒、软木塞、纸袋的手柄以及冰棒棍。在开展探索活动的前几周中,动员家长收集这些材料,你很快就会收集到大量材料

- 各种各样的篮子和碗,装一些较小的开放性材料
- 黑胶带,放在定量分装盒里
- 透明胶带,放在定量分装盒里
- 剪刀
- 订书机
- 胶棒、糨糊或者胶水(黏稠的糨糊或者胶水,更适合探索活动)
- 打孔机
- 细绳或者纱线
- 画纸
- 黑色画笔
- 放纸的透明塑料架,就像装食谱的架子,或者摆不同大小的纸的展示架(可选择),每个儿童一个;儿童用架子上的纸设计草图,并把这些草图当作"蓝图",进行创作
- 每个儿童一个托盘(可选择)
- 架子,或者在桌子上留出空间,将作品放在上面晾干

清理需要的材料

- 垃圾桶
- 海绵或纸巾,用于擦净溢出的胶水
- 水桶(盛少量水),装水的喷壶或者水池

布置美术室

在架子、桌子或者地板的空地上摆放废旧材料,引起儿童关注。将大

小相近的盒子放在一起；按高矮顺序摆放纸巾筒，高纸巾筒放在矮纸巾筒后面，摆成一个半圆或者以某个引人注目的角度摆放；将小物件放在篮筐里，如将胶卷盒放在一个篮子里，将饮料瓶盖放在另一个篮子里；将冰棒棍放在陶器罐里；把纸袋的手柄堆成有一定曲线的小堆。分类摆放材料可以给儿童营造一场视觉盛宴，即每种材料表现出的形状、质感、大小和颜色都呈现在眼前，从而引发他们的无尽想象（如果空间充足，可以开辟持久的区域用以摆放开放性材料，并把废旧材料摆在架子上，这样儿童可以随时取用）。

在工作桌中央放置相关工具：胶带、订书机、胶水、打孔机、剪刀以及细绳或纱线。考虑用一个像"旋转餐盘"一样的转盘来装工具，这样，儿童围着桌子坐成一圈时可以很容易地拿到工具。

确保在架子或桌子上留出一定的空间，让儿童把泥塑作品放在上面晾干。

在儿童的手边放一个垃圾桶，让他们把在创作过程中产生的许多废弃物扔到垃圾桶里！

探索与创造

欢迎儿童进入美术室，吸引他们注意你为他们专门营造的"视觉盛宴"。

这么多材料！能看出有多少种材料吗？能告诉我，它们都是什么吗？以前它们是用来做什么的？

来看看这些材料，每次看一种。你注意到了这个材料的哪些方面？它让你想起了什么呢？其他材料让你想起了什么呢？

听听这些材料发出的声音……

引导儿童选择材料（每人一个托盘，装上自己选的材料），思考哪些材料可以用于制作泥塑作品的底座，例如，谷物盒子以及小而轻的材料。

有没有特别感兴趣的材料？有没有很想用它进行创作的材料？选择想用的5~6件材料。

想一想，能用哪些材料做结实的底座？可以选择盒子或纸巾筒。

你已经有了几个可以做底座的结实的盒子。除此之外，还要用哪些材料呢？

有些儿童根据脑中的独特想法来收集材料，如计划制作一艘太空船、一辆冰激凌车或一张洋娃娃的床。引导他们思考哪些材料可用于制作。

你决定要做一辆冰激凌车啊！想一想，冰激凌车由哪些部分组成？这儿有一个盒子，要用它做车身吗？用什么做车轮呢？冰激凌车要播放音乐，什么东西可以让你在卡车上播放音乐？

有些儿童只收集自己感兴趣的、符合他们想象的材料。

收集完材料，引导儿童将材料摆放在桌子上的工作区。当儿童在桌边就座后，提醒他们注意用于连接材料的工具。

连接开放性材料的方法有许多。这里有一些工具，制作时你可能会需要：胶带、剪刀、胶水、打孔机和线。可以边创作边试验，看看各种工具最适合制作作品的哪个部分。

接下来，邀请儿童开始制作。

有些小朋友已经想好要做什么了。想一想，先做哪一部分，然后开始吧！

有些小朋友只选择自己感兴趣的、好奇的材料。可以先试一试自己选择的开放性材料，看看能从中发现什么。

在儿童制作时，教师要站在儿童身旁激发他们思考，给予指导，做儿童想法的表达者。

告诉正在探索开放性材料的儿童怎样研究材料。

这种材料是怎样运动的？是硬的还是软的？

看到材料的各种线条和形状了吗？

它让你想起了什么呢？

可以怎样运用这种材料呢？

帮助儿童探索如何将开放性材料连接起来。

怎样将开放性材料组合在一起呢？

哪个部分可用来做底座？

其他部分如何与底座组合？

在建构三维立体作品时，提醒儿童注意对称和平衡。对专心制作的儿童，指导他们实现自己的想法。

把冰激凌车的所有部分都一一列出来吧。有车身，要把冰激凌放在车身里！还有车轮、音乐播放器以及车标。告诉人们，你卖的是哪种冰激凌。另外，还要有一个驾驶室。

接下来，看看哪种开放性材料最适合做冰激凌车的车轮。这里有软木塞、胶卷盒、手纸筒、酸奶盖、苏打水瓶盖、果汁瓶盖。有这么多大小不同、质感不同的材料！你觉得哪个最适合做你的冰激凌车的车轮呢？

儿童会遇到如何将开放性材料连接在一起的问题。结合经验，教他们一些特殊的技巧，指出他们的技术问题并提供补救方法，予以反馈。

我知道一个方法，可以将手纸筒和盒子连接起来。给你示范一下吧。我认为，这个方法可以帮你把手纸筒固定在你想固定的地方。沿着手纸筒的一端剪出许多小切口，就像给它做个边一样。然后将这些边弯过来、抚平，这样在纸巾筒底端就做成了一个底座。接着，在底座部位用胶水、胶带或者订书钉，把手纸筒和盒子连接起来。

我发现酸奶盖要从盒子边上掉下来了。胶水太滑了，粘不牢。还有其他方法可以连接盖子吗？

引导儿童互相分享制作中使用的策略和观察所得。

罗恩想出了一个方法，可以在独木舟里制作座位。希望她能帮你找到在棒球场里制作座位的方法。

科贝用黑胶带把裂开的地方粘上，真是个好方法。你能给大家示范一下吗？

完成制作之后，将儿童的作品放在架子或桌子上晾干（如果使用了胶水），不要在展示之前碰坏。

制作前绘制草图

这一步骤是让儿童在制作前构想"蓝图"，通过这种方法激发儿童有目的地运用开放性材料进行制作。

尽管有变化，但还是用同样的方式邀请儿童进入美术室，让他们选择材料，并考虑这些材料能做什么。只不过在选择材料前，先让他们停下来，围坐在桌旁做计划，同时给他们提供画纸和黑色画笔，引导他们把所要制作的作品画出来。

希望这些开放性材料能激发你们的创作灵感。有什么想法了吗？

闭上眼睛，想一想要做什么。看见你脑中的画面了吗？注意所有的部分……一旦脑中有了画面，想到要做什么，就可以画出你的计划。画出来的图将指导你进行制作。

帮助儿童区分描画和涂色的不同。

画出某个想法时，用线条勾勒出它的形状，涂色则要将颜色和装饰物涂到轮廓的里面和上面。

画蓝图时，要能清晰地看到线条。不用涂色，因为那会使人很难看懂画的是什么。这幅画就像操作指南，体现你脑中想要的形状，以及如何把这些形状恰当地组合在一起。所以，清楚地看懂这幅画非常重要。

描画

涂色

在儿童画草图时，提醒他们注意细节，并在草图里把细节画出来。

你画了一座高高的摩天楼！里面有窗户吗？我看见底部有个门，但没看见窗户，所以我不知道你要安窗户。

一旦儿童画好了草图，就让他们根据草图收集材料，选择他们需要的材料制作画中的事物。

看看你的画，里面有哪些形状？可以在开放性材料里找一找有这些形状的材料。

我看你的画里有一个又细又长的长方形，那就找一个长方形的盒子吧。

当然，儿童在制作时可以回过头来重新找材料，这只是制作的最初阶段。

收集好开放性材料后，帮助他们建立工作区。留出一块空间来供他们制作，同时把开放性材料和草图摆在旁边。尤其是要把草图放在手边，以便儿童在制作时随时参照。再准备一个像食谱架或展示架那样的透明塑料架。

一旦儿童准备就绪，就可以引导他们按计划造型、组装开放性材料。这是一项富有挑战性的工作，需要实现从二维到三维的转换。待在儿童身边，准备随时给他们提供指导、技术帮助和有力的鼓励。

看看你画的草图，你就知道自己要怎样制作了。可以看一点儿，建一点儿，然后再看一点儿，再建一点儿。每次建一点儿，最后就能制作出完整的作品！

我看你画的独木舟里装了很多座位。一起数一数有多少个座位，这样就知道需要多少根冰棒棍了。

你要往飞机机翼上加胶卷盒吗，像喷气引擎一样。可是，我看草图上的飞机机翼上没有引擎。有没有发现原来的草图里漏掉了什么！赶快把草图修改一下，画出新想法吧？

画草图以及制作的过程都要求注意细节。儿童在纸上构思想法，然后将草图中的二维图像转换成"现实生活"中的三维物体。这是一项极富建设性的智力活动，值得我们尊重并给予坚定不移的支持。

清理

儿童完成制作后，会有许多纸盒、纸巾筒、软木塞、木头以及纸张分散在桌子和地板上，并且上面会粘上很多胶带和胶棒。和儿童一起将这些剩余物扔进垃圾桶，并把它们上面的胶擦干净。

纪录与展示

无论是运用多种方法使用开放性材料、用材料引导儿童制作并进行开放式探索，还是根据草图有计划、有目的地制作，都可以促进儿童了解废旧材料，增强他们与材料之间的关系。

在一篇关于瑞吉欧·艾米利亚艺术工作室材料使用的文章中，瑞吉欧·艾米利亚的教师格雷齐拉·布赖恩蒂（Graziella Brighenti）说，材料有被倾听和理解的权利，可以调动我们的已有经验（Gandini & Kaminsky, 2005）。埃琳娜·贾科皮尼（Elena Giacopini）写道："材料会让我们想起某个物体可能会是什么。""没有两个人会对同一块木头或者塑料产生同样的想法。"阿尔巴·费拉里（Alba Ferrari）认为："材料……似乎有它们自己的内在生命和要诉说的故事，但是只能通过与人的接触才能够被转化……"有关开放性材料的故事，就是儿童和材料之间的故事，儿童和材料都是故事的主角。在彼此的互动中，儿童创造出作品。

通过拍照捕捉儿童与材料之间的互动，如用手做一块纸板、把一个盒子打造成冰激凌车。如果他们正根据草图创作，那么拍照时既要拍下草图，又要拍下创作过程，让人看到两种表达方式之间的联系。把创作过程中的每一步拍下来，让人能够看到创作的过程。同时，要确保拍下每个儿童创作的作品。

在儿童创作期间记录：

- 什么因素吸引孩子们使用某些材料？
- 这些材料让孩子们想到哪些画面、声音，或者让他们回忆起什么？
- 他们要用这些材料做什么？
- 创作时，他们讲述了怎样的故事？
- 他们遇到了哪些操作问题？是怎样解决这些问题的？
- 他们怎样互相教对方建构的策略和工具的使用方法？

布置公告板、公告墙或者展示架，将一系列开放性材料固定在公告板上或放在架子上，请参观者思考材料的特性，提出如下类似于给儿童提出的问题：

> 这些材料的突出特点是什么？它的颜色、质感、形状、大小如何？
> 哪种线条和形状吸引你？
> 这种材料让你想到什么？
> 你打算如何利用这种材料？

在展示时，要重点强调运用开放性材料进行创作时需要的技巧。可以用大幅照片展现这些技巧，并配上文字，说明儿童如何解释自己运用的策略。例如，在一张描绘儿童将纱线穿过酸奶盖的照片下面写上一段文字，说明他为什么用纱线来连接盖子和盒子。

在展示最后完成的作品时，把它放在一个后面和下面都有镜子或反光纸的架子上，让参观者从不同的角度观察作品。制作一些类似博物馆用的标签，如在白色索引卡上写上黑体字，然后将卡片折叠，立在每件作品旁边，并在上面写上作品的名字和艺术家的名字，如"《独木舟》（罗曼 作）"。

时间：3月18日

格里芬打算用盒子制作东西，她制订的计划十分详细、复杂。"我要做一个旋转木马。"她决定做木马，并且画了一张非常喜庆的画，画上有一只旋转木马（格里芬最终设计了一个摩天轮，但我还是坚持记录了她的原始语言），上面有很大的标志，招揽大家乘坐。画上还有一个女人推着一辆大车，里面装满棉花糖和看马戏团表演时吃的零食。

完成之后，格里芬开始收集做旋转木马需要的材料：一个小盒子、小棍和果汁罐头的盖子。在选择材料的过程中，她不时地看看草图。"我需要一个圆形的东西，像画里画的这样，可以让人们坐在里面。""这需要一个东西撑住座位，小棍就可以。"格里芬的第一步是搭一个架子，然后把它和底座的盒子连接起来——这是一项富有挑战性的工作。但是更有挑战性的是第二步：把圆形座位连接到架子上。她选择的果汁罐头金属盖子有8个，而她正好就画了8个座位。但是这些盖子太重，几乎要把架子压塌。

于是，她尝试用其他方法制作圆形座位。最后，她选择了松饼纸。"松饼纸一点都不重！"格里芬说，"很容易装上去。"

格里芬搭建旋转木马的时候，约瑟芬很认真地观察着，并且提出建议："它比你画的那东西难做多了。"确实是这样！

格里芬把她画里的标志复制下来，钉在架子上旋转木马的顶部，最后一步是做一个女人，放在旋转木马旁边，就像画中有一个女人站在旋转木马旁边一样。

这项工作十分复杂、困

难，格里芬一直坚持原来的设想，按原计划制作。当最终完成创作的时候，她感到十分骄傲。她进行了令人满意的创作，因为她成功地把想法转化成了三维立体作品。

延伸活动

可以在如下情境中使用各种开放性材料：
- 当儿童探索平衡、对称、重量、高度和稳定性时；
- 当儿童制作微缩作品，或制作用于表演游戏、故事表演活动的道具时；
- 当儿童需要在三维空间验证自己的想法时。

金 属 丝

金属丝是一种最常见的物品，闻起来有强烈的泥土味，冰凉而刺鼻。它的质地坚硬、耐久、韧性强。要想了解金属丝，我们必须意志坚定、有耐心。

用金属丝进行创作，有助于我们了解线条和轮廓，关注形状、折角和曲线，而不是颜色、质感或运动方式。

材料

探索需要的材料

- 不同规格的金属丝，直径为18号、20号和22号的最好，材质可以是铜、不锈钢、铝等（不同规格的金属丝要配备多种颜色）。注意：

不要使用已经生锈的金属丝，这样很容易让儿童受到铁污染
- 钢丝钳
- 尖嘴钳若干，用来弯曲金属丝
- 黑胶带或包装带，把金属丝锐利的末梢缠绕起来
- 没削的铅笔和各种尺寸的木钉
- 珠子、羽毛、嫩树枝、垫圈、螺母以及其他用来和金属丝连接的材料

清理需要的材料
- 垃圾桶

布置美术室

想为儿童第一次探索金属丝营造怎样的氛围？在桌子上铺一张白纸或一块白布，放几卷金属丝，使金属丝在白色背景的映衬下显得格外显眼，在靠近桌边的地方放钢丝钳和尖嘴钳，突出金属丝。将金属丝放在用天然纤维制作的浅底篮子里，把工具放在另一个篮子里或插在桌子中央的黏土罐里，为儿童与金属丝的互动营造轻松的氛围。

在手边准备一卷胶带。用胶带缠绕金属丝的末梢，以免儿童被金属丝刮伤。

探索与创造

向儿童介绍金属丝。

金属丝由地下挖出的金属做成。用金属丝制作，实际也是在塑造地球的一部分。

金属丝由不同种类的金属制成，呈现各种不同的颜色。

向儿童介绍几种特别的金属丝。

这种金属丝由铜制成，颜色是金红色，很可爱……这种是闪金光的金属丝，由黄铜制成。

金属丝有粗细之分，即"规格"。我们已经有了规格为18号、20号和22号的金属丝。规格数值越大，金属丝越细。

简单介绍之后，引导儿童每人选择一种类型的金属丝进行探索。帮儿童将金属丝截成小段（刚开始探索时，长度为25~30厘米比较适宜）。儿童拿着钢丝钳，教师拉紧金属丝，或者和儿童一起按压钢丝钳，将金属丝剪断。如果没有教师直接指导，那么尽量不要让孩子们使用金属丝。

钢丝钳像剪刀，可以剪断金属丝。打开钢丝钳，把金属丝放在里面，想在哪个部位剪断，就把哪个部位的金属丝放进去。使劲按压钳子的手柄，就可以剪断金属丝。

用小块黑胶带或包装带将金属丝的末端缠起来，将危险降到最小。儿童可以帮忙做。当每个儿童都有一段金属丝时，就可以让他们探究金属丝的特性了。

我很好奇你会发现什么，金属丝怎样运动、弯曲和变直？

当儿童折叠、扭绕金属丝时，站在他们旁边，引导他们注意金属丝的变化、形状、气味和颜色。

看看你折的角，非常尖！

我想把金属丝弯成曲线，而不是尖角。

闻到强烈刺鼻的气味了吗？我闻了闻手上的金属丝，是金属的气味、泥土的气味。

能把弯曲的金属丝拉直吗？试着拉一拉金属丝两端，看看它能不能变直。

我的金属丝比你的规格高，更细，所以更容易弯曲和塑型。要不要交换，感受一下？

你的金属丝是银色的，很光亮，就像深红色铜丝一样，很可爱。

哪种金属丝容易弯曲或者不容易弯曲？比较一下黄铜丝和钢制金属丝，看看它们之间有什么不同。

有些儿童沉浸于探索金属丝的强度和柔韧性等物理特性。他们会弯曲、折叠、卷曲和扭绕金属丝。最终，金属丝被反复地折叠、缠绕的地方有可能会断掉。实际上，儿童正在建构与金属丝的关系，了解金属丝如何运动、塑型。尽管当金属丝缠绕在一起或被折断时会令他们有挫败感，但他们还是认为，金属丝受其支配。此时，教师应鼓励儿童像研究者一样开展工作，观察并探索各种可能性。

将金属丝一圈一圈地缠在一起，上下里外都缠住了。从一头到另一头，找出它的头绪吧，就像我们沿着小路走一样。这样，我们就知道金属丝如何缠绕在一起了。

你能教我们如何把金属丝弯得有折角吗？

金属丝断成了两截！你是怎么做的？能再做一次吗？你知道自己如何折断这根金属丝的吗？再试一根新的金属丝，看它是不是也会断成两截。这是一个断开金属丝的试验，你是负责试验的科学家。

有些儿童想用金属丝做东西，但在探索过程中表现得很不耐烦，急于塑型。他们把用金属丝塑造出来的线条作为某一故事的主要元素，并通过合理地调整这些线条，向人们讲述故事。鼓励儿童在开放的探索空间中不断探索。

开始制作前，我们先列一个表，把你能想到的关于金属丝运动以及用它塑型的所有问题列出来。想到什么就说什么，我将把它们一一列在表上。

艺术家在用金属丝制作前，需要先了解一些问题，如怎样将两部分金属丝连接在一起，等等。开始制作前，你也要练习一下。

探索过程中，儿童通过直觉感官了解金属丝特性，最初的笨手笨脚逐渐变得熟练、自如，这时可让他们重点练习用金属丝塑型的基本技巧。

介绍工具和操作技巧

几样简单的工具就可以使金属丝塑型变得更加多样。没削的铅笔、各种尺寸的木钉，都有助于儿童用金属丝塑造出各种形状，如线圈、圆环和螺旋形状等。

试着将金属丝绕在铅笔上，让金属丝变得弯弯曲曲。

怎样把金属丝绕在木钉上，绕出松紧不同的圈呢？

尖嘴钳延展了手的功能，让儿童可以更用力地握住金属丝。帮助他们感受如何握住钳子、如何打开和关闭钳子。

尖嘴钳帮你把金属丝握得牢牢的，让你力量大增，成为金属丝的主人。如果想弯曲金属丝，就用钳子夹住金属丝，使劲挤压，形成一个尖角。

用钳子拉伸金属丝，把它塑造成你想要的形状，也可用它来扭绕金属丝。

金属丝塑型活动的最大挑战在于，操作金属丝某一部分时，要努力保持另一已塑好型的部位不变形，因为稍微弯曲和拉开一点金属丝，就会导致另一部分变形。可以说，操作金属丝的过程实际上是在做精巧的舞蹈动作：在新的部分操作一点，之后返回旧的部分重新塑型，然后再转向新的部分，之后再重新将旧的部分塑成原样……这样反反复复，不断转换注意力。由此可见，技巧来源于实践，知识来源于经验。

操作金属丝的另一个难点是探索如何将两部分连接在一起。可以先将一根金属丝末端做成钩状，钩住另一根金属丝，然后把钩子钩回来，将另一根金属丝钩紧，使两个金属丝交叉在一起，形成 × 形。最后把两根金属丝扭绕在一起，紧紧缠住。

连接两根金属丝时，金属丝可能会滑动或散开，除非它们紧紧地缠在一起。此时，可以用钳子捏紧金属丝，保证金属丝不错位、不变形。

金属丝适合塑造形状和外部轮廓，所以应引导儿童运用金属丝进行各种表征活动。先设计草图，然后再进行塑型活动。

先画一朵花，然后用金属丝把它做出来。

将金属丝放在草图上，比照图上的线条一点点地弯曲金属丝，折出一个个角。

给儿童提供一些可以与金属丝连接的材料，如珠子、羽毛、嫩树枝、垫圈和螺母。可以把金属丝穿进去，也可以把金属丝缠在上面。如果要把金属丝穿进某样材料，如珠子或垫圈，先试一试怎样把它们固定在金属丝上，如把金属丝穿进珠子或垫圈中间的孔里，然后多绕几圈。

活动结束时，有些儿童可能希望将作品保存，有些则可能希望以后用金属丝重新创作。

如果他们已经结束探索活动或者做完一件作品，那么就帮助他们把金属丝两端的胶带撕下来，这样才算真正圆满地完成了金属丝创作活动。

清理

用金属丝创作不会有很多清理工作，只需将胶带、缠绕在一起或者坏了的金属丝扔到垃圾桶里，把没用过的金属丝、工具以及其他艺术材料收到架子上。用完金属丝后，孩子们应该洗手，因为有的金属丝很脏。

纪录与展示

金属丝是一种极具挑战性的艺术材料。它结实、坚韧、不易操作，同时，它的运动方式也不为我们所熟悉，稍不注意就可能变形。因此，儿童探索金属丝实际上是在讲述他们坚持不懈地努力以及费尽心思地掌握某些技巧的故事。

近距离拍摄儿童使用双手操作、切断、弯曲金属丝，根据草图塑造形状以及用钳子扭绕金属丝的一系列照片。当他们的身体倾向金属丝时，拍下他们脸上专注的神情，再拍下他们拿着金属丝塑型的照片，记录他们不断完善作品的场景。

在儿童创作时，记录如下内容：

- 他们对金属丝的种类、颜色和规格了解多少？
- 他们有没有比较金属丝和其他材料的不同？
- 他们用了哪些策略塑造金属丝？
- 他们从金属丝中看到哪些形状？用它塑造出什么形状？
- 在探索金属丝的过程中，他们遇到了哪些挑战？如何应对？
- 创作期间，他们怎样互相鼓励和指导？

你的观察、儿童说过的话以及创作的画交织在一起，讲述了关于他们坚持不懈地努力、饶有趣味的探索以及掌握新技巧的故事。

用大幅照片并配上简单文字进行展示，突出儿童掌握的技巧。例如，贴一张展现儿童双手操作钳子的照片，在旁边配几句话描述他如何用钳子将金属丝连接起来；或者一张展现儿童双手正在将金属丝塑造成锯齿的照片，再配上文字说明他如何弯曲金属丝。

可以在展示中讲述儿童怎样一步步地塑造作品。把照片排成一排，依次描述用金属丝塑造各种形状，最终完成作品的每个步骤。

可以在展示时摆上一袋金属丝，让参观者尝试探索，并提出如下问题：

比较银质金属丝和铜质金属丝有什么不同？

试着连接两段金属丝，能不能用照片中儿童用过的方法来连接？

也可以展示儿童做的金属丝作品。将作品挂在展板前、旁边的树枝上或者木钉上（用结实一点的线挂，如钓鱼线或者绘图线）。也可用小号U形钉将作品钉在黑色泡沫板或盖着黑布的公告板上。还可以用小块黏土支撑作品，例如，将作品底座按压到潮湿的黏土里，让作品周围的黏土逐渐牢固，变硬。

> 时间：2月6日
>
> 　　塞西莉亚、凯蒂、莱拉、哈蒂、埃米莉和我今天早上来到美术室，开始探索金属丝。怎样弯曲金属丝？用金属丝塑型时，是握住金属丝两端，还是握住中间？当金属丝被弄弯时，怎样把它再弄直？怎样将金属丝弯成锯齿形、曲线形并折出角？怎样连接两根金属丝，或者把它们围成封闭的金属丝圆环？如何使用像金属钳和尖嘴钳这样的工具？这些都是今天要探索的问题。
>
> 　　折角可以激发他们制作方形的灵感……
>
>

锯齿形让塞西莉亚想起手指。

　　方形、锯齿形和曲线激发了儿童塑造作品的兴趣。莱拉尝试将金属丝摆在草图上，按草图上的线条弯绕金属丝。塞西莉亚练习给一部分金属丝塑型，同时保持另一部分形状完整无缺。最后，她做出了一只手，而且手指是一根一根的。

　　通过今天的活动，儿童逐渐了解了金属丝的特性。在应对挑战的过程中，他们对自己的能力和技巧也更加有信心。

延伸活动

可以在如下情境中使用金属丝：
- 当儿童正在探索轮廓和线条时；
- 当儿童正在研究结构形式时。

第 5 章　具象画

开展这些艺术探索活动时，应努力做到：
- 尊重儿童渴望交流经验、想法、故事及感受的意愿；
- 鼓励儿童认真观察，关注细节；
- 通过儿童之间互相提意见及共同进行艺术创作，增强他们的协作能力。

- 静物画
- 自画像
- 壁画

画画时，儿童创作各种图像来表现经历、观察结果、想法和情绪情感，并通过图像向人们讲述故事，交流各自的观点。意大利瑞吉欧教育的创始人洛里斯·马拉古齐这样描述绘画的作用："绘画（以及其他艺术语言）展现人们对生活、意识和意义的探索，表现他们的紧迫感和愿望，体验互相安慰的情感，提出假设、开展研究，根据建构的物品和发明解释与理解发生在周遭的各种事件"（2005，9）。可以说，绘画是儿童最强有力的工具。

创作静物画、自画像和壁画能够促进儿童认真地观察，提高他们表达和交流所见所想的能力。同时，儿童通过多种方式运用这些能力，例如，为自己搭建的积木画草图，并以这个草图为蓝图来改善作品；把角色区布置成家的样子时，先把想法画出来，让其他人明白自己的意图；把在娃娃家玩游戏的情景画出来，表达他们对角色游戏的重视。基于这些能力，儿童可以将绘画当作思考和交流的工具。

建议教师在本节的探索中使用超细的黑色记号笔。与传统的记号笔不同，这种笔能画出清晰的线条并且不会渗透到纸里。使用它画出的线条清晰，颜色朴素，引导人们更多地注意形状、轮廓和细节。它还需要倾情投入，要求孩子们敢于尝试，大胆表现。也正是因为这一点，它才会促使儿童认为，绘画是一种表达思想的过程，而不是努力画出多么完美的图像，强调清晰、直截了当的表达，而不是艺术美感。使用这些记号笔的最后一个原因是，它们的复印和扫描效果好，所以可以复印孩子的画，把它们装到档案袋里，用于记录与展示，供孩子们进一步创作的时候使用，原始画作则可以让孩子们带回家给自己和家人看。

静 物 画

创作静物画时，儿童会与其所要表现的主题之间建立密切联系。他们认真地观察，使自己紧密关注作品主题，然后将自己对物体的理解表现在纸上：先用黑笔勾勒轮廓，然后上色。

材料

探索需要的材料

- 静物画的主题：选择看起来吸引人（颜色、形状和质感等鲜艳、生动）、线条轮廓有趣的物体（轮廓清晰、有独特之处），如扁平的竹篮里的葫芦、锡桶里的丁香花或者木瓜、高瓶子里的向日葵、陶瓷坛里的彩色羽毛
- 耐久性强的黑色超细记号笔或其他黑色画笔
- 颜料和工具（详情参见第3章）：水彩画颜料、油画棒或色粉笔最适合创作静物画
- 白纸：儿童如果使用油画棒或色粉笔，就用厚一点的画纸；如果使用水彩画颜料，就用水彩纸

- 晾干架，把完成的作品放在上面晾干
- 珠宝商用的放大镜或者其他放大工具

清理需要的材料
- 清理颜料所需的材料（详情参见第3章）

布置美术室

确定静物画的对象，将其放在桌子中央。想象你正在为一个画廊或植物园布展，以引起参观者的共鸣。

桌子上除了摆放要画的物体，其他什么都不要放。将纸和画笔摆放在附近的架子或桌子上，把颜料和绘画工具放在托盘或架子上，既可随时使用，又不碍事。如果要用到珠宝商用的放大镜或其他放大镜，那么最好先把它们放在旁边的篮子或者托盘里。

摆放一些清理颜料需要的材料。

探索与创造

欢迎儿童进入美术室，以想象和叙事的方式向他们介绍要画的物体。

向日葵经过漫长的旅行来到这里。原来，它们是深埋在土壤里的小种子，后来，小小的白色根从种子里伸出来，扎根在土壤里。紧接着，叶子长出来，花儿也快开了。刚开始，只有一个绿色的花骨朵，外面裹得紧紧的，里面是黄色的花。后来，花骨朵慢慢地朝着太阳方向开放，里面的黄色花瓣也开始伸展开来。花儿的中央有一块深棕色的区域，一直朝向温暖、明亮的太阳方向。向日葵就是这样生长的。

农民伯伯将花剪下来，拿到市场上卖，我看到了想着"小朋友一定很乐意认识这些向日葵，而向日葵也一定很高兴认识小朋友"。于是，我就把它们买来带给你们。

仔细观察

帮助儿童逐渐了解所画物体,引导他们仔细观察、触摸和闻一闻。

摸一摸茎,感觉像什么?像不像从茎里长出来一堆乱蓬蓬的头发?

花瓣像什么?用脸颊碰一下,感觉是不是很柔软。

闻一闻花瓣、茎、叶都有什么味道?

提醒儿童注意颜色、质感、线条和形状方面的细节。如果有放大镜,就可以拿给儿童使用。

有没有注意到叶子又厚又圆,渐渐地到了顶部就变成尖的?

观察花瓣的形状:又长又细,边上弯弯曲曲的。

花瓣的黄色由外到里逐渐变淡,到了中心靠近花蕊的地方,几乎变成白色。你发现了吗?

向日葵中心是深棕色的,看上去像是由许多细小的头发组成!

关注所画物体各部分之间的关系。

注意花瓣和花蕊是怎样连接到一起的。

有没有发现叶子怎样径直地向上长?它们是从茎里长出来的吗?

提醒儿童多角度观察。

互相换一下位置,从一个新的角度观察向日葵。

把头靠在桌子上向上看,可以看到花的底下是什么样。瞧,黄色花瓣下面有几朵大大的绿色花瓣!

站在桌子上,从上往下看,发现了什么?

鼓励儿童互相分享彼此的观察结果。

一个小朋友从下面观察，另一个小朋友从上面观察。我想知道，你们看到的向日葵有什么不同。

不要急着画，给予儿童充分的时间了解所画物体的特点，掌握它们的线条、形状和内在特点。这对接下来的绘画十分重要。

描画

一旦儿童充分了解了所画物体，就让他们围坐在桌子前的工作区，准备创作。

我们要用黑色画笔画出向日葵的轮廓。我们的画就是我们与他人分享我们怎样理解向日葵的一种方式。这种画叫作"静物画"，即画出你正在仔细观察的物体。

给每个儿童一张白纸和一支画笔，帮他们把画纸放在最适合的位置。如果所画物体很高，那么最好把纸垂直地立在桌子上，这样比较好画；如果画宽的物体，那么把纸平放在桌子上。

提醒儿童注意描画和涂色的不同。

画物体时，用线条勾勒出它的轮廓；涂色时，主要是将颜色和装饰物涂在轮廓里面和上面。

画笔最适合画物体的形状和轮廓，用它能画出清晰明显的线条。颜料和蜡笔最适合给画上色。画的时候，先用画笔画图，然后用水彩画颜料、油画棒或色粉笔涂色。

向儿童演示描画和涂色的区别。

描画　　　　　　　　　涂色

先勾画后上色的目的是引导儿童关注所画物体的结构和"骨架",即物体的轮廓和形状。画完基本轮廓,就可以上色了,使画面变得鲜活、生动。

接下来开始画画。

画向日葵时,先画形状,就是画花瓣、花蕊、茎、叶子和花瓶的外边线条。

观察一点儿,画一点儿;观察一点儿,再画一点儿……一边画一边研究向日葵,这样就可以表现所有细节。所以,尽情观察,尽情画吧,需要多久就画多久。

儿童画画时,教师巡视,并用轻柔、温和的语气指导和启发他们。帮助他们指出所画物体的细节,引导他们思考如何将细节画出来。

还记得茎上的头发吗?它们细细小小的、乱蓬蓬的?重新仔细地观察一下,把它们放在手上有什么感觉?怎样把它画下来?

委婉地指出儿童作品中的小错误或不合理的地方。

我看你把花瓣画成圆的,可是向日葵的花瓣是细细窄窄的,顶端是尖的。想一想,怎样把它画得更像向日葵的花瓣。要不要先在草纸上画一下？

有些儿童倾向画一些固定的形象，不太关注所画物体的独特之处。例如，画花时比较典型的画法是先画环形花瓣和一根茎，底下再画两片大叶子。针对这些儿童，教师应提醒他们关注所画物体的独特之处。

你知道怎样画花，这样的花已经画过很多次了。今天，我们要画向日葵，它的形状和平常画的花不一样，要难一些。不过，我认为你能画出来，我会在旁边帮助你。

有些部分很难画，这时教师应待在儿童身旁，帮助他们解决难题，引导他们将难画的部分分解成各种形状和线条。

绿叶很难画，你说得对。让我们看看里面都有哪些形状。看到窄窄的三角形了吗？我注意到了。它们的形状看起来很像黄色花瓣，但是比它更大一些。你能试着把它们画下来吗？

有时候，儿童在作画时会产生挫败感，此时应帮助他找出问题所在，鼓励他重新开始，并且告诉他，你会随时帮助他。

你不喜欢哪个地方？

如果想重新画，我这里还有很多纸。想一想，要画哪些不一样的地方？我会帮你记着哪些地方要修改。

先在草纸上练习，等你觉得已经准备好了，再开始画。

仔细观察，哪些情况说明儿童已经画完了。有时候，他们画完了，但还要继续画——胡乱画一些线、用画笔涂色，或者添加无关紧要的细节（如太阳、房子）。针对这些儿童，要引导他们明白，作品已经很完整了，不必再画了。

我觉得你已经画完了。仔细看看，是不是该画的部分都画好了？

你还想在花的上面或者花瓶上加一些东西吗？如果没有，就把画笔放一边，该涂色了。

涂色

画完外部线条轮廓，引导儿童给作品涂色。

你已经在纸上画了向日葵的轮廓。现在，你可以涂色了。涂色能为你的向日葵增加色彩。

我看到向日葵花瓣是黄色的，而且颜色深浅不一，你有没有注意到这一点？想一想，如何画出深浅不同的黄色。

引导儿童涂色。在工作区摆放水彩画颜料、油画棒或色粉笔。由于儿童画完的时间不一样，所以每次帮一两个儿童涂色。鼓励他们挑选能够表现所画物体颜色的颜料，强调要画的是静物画，突出它的颜色独特之处以及深浅明暗的变化。

在儿童涂色时，提醒他们动作要轻柔，不慌不忙，跟画图一样。

观察、涂色、再观察、再涂色……需要多长时间，就涂多长时间。

涂上颜色，画就更生动了！我看到你认真地观察了向日葵的花蕊，然后画上了那种棕色的花蕊。

注意哪些情况表明儿童已经涂完了。建议他们重新再看看自己的画，不要给予任何评价。

我感觉你基本涂完色了。把刷子放下，退后一步，用全新的视角来看你的作品。还有什么想要添加的内容吗？或者你觉得已经画完了？

如果儿童觉得已经涂完，就帮他将作品挂在晾干架上或者平放在上面，根据情况让他清理颜料。

清理

确保将画笔密封好,避免风干。

接下来的几天,引导儿童密切关注所画物体。例如,可以将向日葵放到游戏区里让人意想不到的地方,或者把装向日葵的花瓶放到表演区。引导儿童从不同角度观察所画物体,并制作一本小书,描述他们认真地观察并画出漂亮的图画的过程。还可以用生面团或黏土表现所画物体,如把物体原型按压在面团或黏土里塑型,制作出小印章;或者让儿童用金属丝或黏土根据所画物体进行塑型,使其变成三维立体作品。

纪录与展示

静物画创作是一个详尽化的过程,它所创作出来的作品能够极富表现力地展现物体及其创作者的特点。静物画创作的过程就是密切关注物体并获得甜蜜惊喜的故事。儿童沉浸于对所画物体的创作中,反过来,它也向儿童敞开心扉。正如《小王子》(*The Little Prince*)里的一段话:

> 一个普通的路人会想,我的玫瑰看起来跟他的很像——但那个玫瑰属于我。她比其他所有玫瑰都重要:我给她浇水,把她放在水晶球里,把她藏在屏幕后面,并且为了她杀死毛毛虫(除了两三个被我救活后变成了蝴蝶),聆听她抱怨、吹嘘甚至有时什么都不说。因为她是我的玫瑰。(Saint-Exupéry,1943,73–74)。

在儿童努力创作的过程中,所画物体对他们来说是独一无二的。画也反映了他们理解所画物体特点的多种方式。最终,儿童与所画物体之间建立起深厚、真诚的关系,文字记录和展示就讲述了这种关系的建立过程。

近距离拍下所画物体。当儿童研究所画物体时,拍下他们专注的表情和探索的双手。另外,拍摄儿童的绘画和涂色活动,既要拍到作品,也要拍到所画物体，借此整合故事中的每一个元素。

记录儿童的创作过程：

- 所画物体的哪一点吸引儿童的注意力？哪个地方让他们感到惊喜？
- 如何描述所画物体？
- 画画时遇到了哪些挑战？如何解决？
- 儿童之间如何互相指导，互相支持？

了解儿童的想法：

如果有人从来没有见过向日葵，怎么办？

关于向日葵，应该知道什么？

展示时，呈现一张所画物体的大照片，或者将所画物体放在展示区旁边的架子上。例如，可以在展板旁边的架子上摆放向日葵。在儿童作品旁边配一些照片，反映儿童逐渐了解所画物体的过程以及画画的过程，同时可以体现儿童对所画物体特点的思考。

配上一首诗或者其他文学作品，如作家玛丽·奥利弗、温德尔·贝瑞（Wendell Berry）和巴勃罗·聂鲁达（Pablo Neruda）的作品将自然世界中的事物表现得淋漓尽致、鲜活生动。也可以用前面提到的《小王子》中的语句。实际上，当把诗歌和其他文学作品放到儿童的作品旁时，我们也将儿童视为了艺术家——艺术家往往对自然世界有着深刻的感受，并且经常用语言或者想象表达感受。

请参观者仔细研究儿童的作品，并提出问题供他们思考。

这些画讲述了向日葵的故事。你从画里看到了什么？

这些画同样讲述了关于画家的故事。通过这些画，有没有进一步了解作者，也就是儿童的想法？

通过这幅画，可不可以看出儿童看待世界的方式？

时间：11月20日

今天早晨，我把卢卡斯、雷文、马哈丽雅和亨利叫到美术室，对他们说："画之前，先了解向日葵。""花些时间认真地观察。注意花瓣和叶子的形状，研究茎是怎么把花支撑起来的。用脸颊感受一下柔软的花瓣。如果觉得自己了解得差不多了，就可以开始画了。"

认真地研究了向日葵之后，孩子们开始用细尖耐用的记号笔画向日葵的轮廓。之后把金黄、深绿和深棕三种颜色的蛋彩画颜料混合在一起，用这些颜料涂色，给画面增加活力。

孩子们画的向日葵静物画极富生命力，表达了他们对向日葵特点的理解。"一朵花相对较小，"画家乔治娅·奥基夫这样写道，"每个人都与花有着一定的关联，形成关于花的思想。伸出手触摸花，俯身闻它的味道，或者什么都不想，直接用嘴唇去亲吻它，抑或把它送给别人，愉悦身心。实际上，仍没有人能真正看懂花，因为它太小了，我们没有时间去看。看一朵花花费很多时间，就像交朋友花很多时间一样。"

今天，卢卡斯、雷文、亨利以及马哈丽雅与向日葵成为朋友，他们充分地感受花的颜色、线条、质感甚至是它的心跳，与向日葵相拥。

延伸活动

可以通过以下方式激发儿童进行静物画创作：
- 吸引他们关注物体的细节，例如，在勾画城堡时注意结构的对称性；
- 从不同的角度作画，例如，两个孩子分别从两个不同角度勾画城堡的轮廓；
- 画图说明作品的构造；
- 勾画连续的身体动作，例如，一个儿童分别摆出拿着棒球杆准备挥杆以及挥杆之后的动作，另一个儿童勾画他的动作、姿势。

自 画 像

随着岁月的流逝，我们开始感受自我。我们会惊讶于从镜子或窗户中看到的自己，并审视内在的自我。在儿童画自画像时，为他们提供镜子，鼓励他们从不同角度长时间地观察自己的脸，之后让他们在纸上画出自己，把在镜子中看到的自己和感受到的自己交织在一起。可以说，自画像是儿童对自我的最雄辩有力的表达。

材料

探索需要的材料
- 黑色超细记号笔或者其他黑色画笔
- 大量白色画纸
- 每个儿童一面镜子：能够独立站立的化妆镜效果更好

清理需要的材料
- 无

布置美术室

在桌子上的每个工作区摆放一面镜子，作为对儿童的简单邀请，激发他们创作。试着调整好每面镜子的角度。可以坐在椅子上,想象儿童的高度,调节镜子,直到看到自己的脸。这样,儿童一坐到桌前,就可以看到自己的脸。

把画笔和纸放到附近的架子或桌子上,方便取用。

探索与创造

仔细观察

欢迎儿童来到美术室,轻松、快乐地邀请儿童探索。

找到自己的位置,看看面前的镜子。是谁在你看他的时候,也在看着你?你们要在纸上画出自己在镜子里的样子!

鼓励儿童研究镜子里的形象。或许他们早已互相叫喊,谈论自己在镜子里的样子,并且在镜子里做出各种表情,如傻傻的、吓人的、悲伤的或者生气的表情。这种探索非常有趣,要给他们充足的时间进行探索。

你正朝镜子里的自己伸舌头!

如果你脸上的表情一下子从恐怖变成悲伤,那么眉毛会有很大的变化。它先上扬,然后又垂下去。你发现了吗?

看看小伙伴的脸在镜子里是什么样的?你会发现,你也出现在他的镜子里!

和镜子开心地玩了一会儿之后,让儿童将注意力集中在自己的脸上,慢慢地引导他们审视自己的脸,每提出一个问题都暂停一下,让他们有时间静静地、仔细地观察镜子里的自己。

现在每个人都仔细地看自己的镜子,研究一下自己的脸。

看看你的脸型,是圆的还是椭圆的?是瘦的还是长的?你的脸是什么形状的?

观察眼睛，它们是什么形状的？看到眼睛里有一圈黑色了吗？眼睛是什么颜色的？看到眼睛周围的睫毛了吗？有些人的睫毛是短短的、直直的，有些人的却是长长的、卷卷的。你的睫毛属于哪一种？

你的眉毛是什么形状的？看它如何弯绕在眼睛上方。

仔细看鼻子的形状，看它翘不翘。还有鼻孔的样子，鼻子是什么形状的？

你不笑的时候，嘴是什么形状的？两个嘴唇怎么匹配得合适？看看嘴唇的弧线。看到嘴唇和鼻子之间有一道若隐若现的凹口了吗？

看看下巴的形状，它怎么那么合适地长在嘴唇下面？

观察脸型，你的脸是圆的吗？能看到皮肤下面骨骼的形状吗？

注意耳朵的形状，能看到耳朵吗，还是头发把它挡住了？如果能看到，看看它的曲线。能看到耳道吗？

看看头发是什么样子的，是卷的还是直的？额头上有刘海，还是头发都被梳在后面？能看到额头上有一条线吗？头发盖住耳朵了吗？长到肩膀那儿了吗？

提问的时候，语调轻柔，表示对儿童的尊重。这是一种启发式的研究，不是强迫性的审问。实际上，提问以及在儿童身边停留一会儿，都可以体现出你对他们的尊重。提问时可以说："看看你自己，多漂亮、多了不起！你的眼睛、鼻子、嘴和耳朵都是独一无二的，多宝贵啊！全世界只有你这样。你是上天赐给我们的礼物，得认真、仔细地研究它。"

绘画

经过一段认真地思考，引导儿童在纸上画出他所观察到的图像。

我们已经认真观察了自己的脸，现在把它画在纸上，这叫"自画像"。每人都画一张。

给每个儿童提供一支画笔和一张白纸。帮助他们布置工作区，把画纸摆在正前方，镜子靠近纸的上边。调整镜子的角度，让儿童在镜子里看到自己的形象。

提醒儿童注意描画和涂色的不同。

画脸的时候，用线条画出轮廓。涂色主要是将颜色涂在轮廓的里面和上面。

画笔最适合画物体的形状和轮廓，用它能画出清晰明显的线条。我们要用画笔来画自画像。

儿童开始画脸部轮廓时，帮他们把握作画的简单节奏。

观察一点画一点，然后再观察一点再画一点……仔细看镜子里脸的形状，然后把它画出来。接下来，观察镜子中眼睛的形状，把它画出来。就这样，一边观察一边画，每次进行一小步。

帮助儿童解读他们的脸部线条。

耳朵的线条是长长的、弯曲的。看外边轮廓，先是向上弯曲，然后向里倾斜，和头连到一起。耳朵底下没连到头的地方，线条是向下弯曲的。

提醒他们注意漏画的地方。

我发现你画的眼睛上没有睫毛。看看镜子里的自己，眼睛周围是不是有睫毛？怎样把睫毛画出来？

偶尔会有儿童不知道怎样画复杂的画，总是用固定模式来画。出现这种情况时，鼓励他们重新画，语气要温和，尊重他们的想法。

我发现你还像以前那样画，但今天要把镜子里自己的脸画出来。我希望你能坚持画完，用一种新方法来画。重新拿一张纸，可以一边看一边画，每次画一点儿。我就坐在旁边，指导你完成。

及时注意、发现儿童是否已经画完。有时，他们已经画完，但还继续画——胡乱地画一些线、涂色或者添加无关紧要的细节；引导他们认识到作品已经很完整了，他们已经画完了。

在我看来，你已经画完了。先盖上画笔的笔帽，看镜子里的你和你画的画。看完自画像，还想再画点什么？还要做一些修改吗？或者这幅画对你来说已经很完整了？

如果还想继续画，重新拿一张画纸，这张是你的自画像。

有时，儿童特别想多画几张，沉浸于画画过程中获得的丰富而愉快的体验，兴奋于自己的技能不断增强。因此，当儿童完成创作时，最好问问他还想不想画。

你画的自画像细节很丰富。画完了吗？你想再画一幅吗？

在儿童画画结束后，把作品收集起来，用于展示或存放在档案袋里。

清理

自画像的清理工作非常少。把镜子小心收好，放到篮子或盒子里，或者放到教室四周的架子上，儿童在游戏时就可以时不时地看到自己，进而激发他们继续交流彼此的想法。

纪录与展示

自画像是儿童对自身特点的个性化、大胆的表达。在自画像创作过程中，儿童既是绘画对象，又是作画的画家。看到自画像，儿童如同看到本人。自画像创作讲述的就是这样一个亲切、温馨的故事。

拍照捕捉儿童探索镜子时的画面，以及他们研究脸部时的专注神情。

同时，当他们边看边画时，用照片拍下他们的脸部表情以及镜子里的表情。

在儿童创作时，记录观察到的现象：

- 当儿童第一次从镜子里看到自己和小伙伴时，他们如何与镜子里的人互动？
- 当他们互相看镜子时，有没有发现彼此的异同？
- 照镜子时，儿童如何描述自己？
- 儿童能把哪些细节马上画到作品中？哪些地方需要提醒他们，他们才会意识到？
- 画画时，他们遇到了哪些困难？如何克服这些困难？
- 画画时，他们如何互相鼓励，互相帮助？

展示时用黑纸当背景，把儿童的自画像装裱起来。在画像旁边配一张创作时的大照片，同时把儿童的面部表情照片放在自画像旁边。另外，还要把儿童看镜子里自己的脸时说过的话展示出来。

请参观者解读自画像的意义。

> 自画像是认识儿童的窗口。它告诉我们，儿童如何看待自己以及在自画像中强调什么？
>
> 从这幅自画像中，你能了解到这个孩子的哪些情况？自画像有没有帮助你更好地了解他？

展示时，还可以展出不同风格的画家自画像，例如，巴勃罗·毕加索（Pablo Picasso）、文森特·凡·高（Vincent van Gogh）、弗里达·卡罗（Frida Kahlo）、安迪·沃霍尔（Andy Warhol）的自画像。将儿童的作品置于悠久历史的创作背景中，帮助儿童通过自画像理解自身的特点。

也将镜子放在展示现场，提出问题，引导参观者研究自己的面部。

看看镜子里的你，看到了什么？你的脸讲述了怎样的故事？

描述一下你自己的脸、眼睛、鼻子和嘴。

你喜欢自己脸上的哪个部位？

时间：6月9日

今天早上，亚历克斯、安娜、贝克和安格斯在美术室里画自画像。画之前，他们长时间认真地凝视镜子里的形象，仔细观察脸部的细节，如眼睛、鼻子、嘴、耳朵。他们还研究脸上各部位的关系，例如，两只眼睛之间怎么长出鼻梁，或者鼻子和上嘴唇之间的凹陷如何形成？仔细观察头发垂到脸上的样子，看耳朵是被盖住了还是露在外面。

接着，他们用黑色画笔在画纸上画出自己的形象。就这样，他们一边仔细观察一边把看到的画出来，这种"边看边画"就是绘画的节奏。

> 儿童的自画像发人深省又亲切温馨。通过自画像，他们表达自己内心深处的想法和内在精神。
>
> 亚历克斯　　　　　　安娜
>
> 安格斯　　　　　　贝克

延伸活动

可以在如下情境中请儿童画自画像：

- 探索自身的特点、生活圈或家庭时；
- 研究情绪时，如创作生气的、高兴的、惊慌的自画像。

可以给儿童提供其他艺术材料创作自画像，如：

- 干净的塑料：儿童在上面画自己，然后把它当面具戴在脸上（在鼻子和嘴的地方留个便于呼吸的洞）；
- 编织物：儿童在上面画画，做毛绒娃娃的头；
- 黏土或金属丝：以画好的自画像为基础，用黏土或金属丝制作自己的塑像。

利用自画像加深人与人之间的关系：
- 请儿童画朋友或者家人的肖像画；
- 创作自画像画集，包括儿童自画像复印件，将复印件分成三部分：额头和眼睛；鼻子、脸颊和耳朵；嘴和下巴，让他们把这些形象重新组合。

壁　　画

儿童通过合作创作壁画，将某个想法鲜活生动地展现出来。创作过程中，他们从全新的视角出发，用眼神进行交流，协商壁画中每个形象的大小、位置和范围。壁画集多种想法于一处，是集体智慧的结晶和升华，是一种视觉艺术，也是一种协调相互关系的艺术。

材料

探索需要的材料

- 大纸或画布：包装纸就可以，艺术家用的用石膏处理过或者相框镶好的画布也可以（大多数卖的画布都被事先处理过或镶在相框内）
- 干净的幕布、报纸或者包装纸，盖在地板上
- 黑色超细且持久耐用的记号笔或其他黑色画笔
- 颜料和工具（详情参见第3章）
- 装颜料及工具的托盘
- 晾壁画的地方
- 每个儿童一件工作服
- 美术书或海报上的壁画（可选择）

选择颜料的注意事项：所有颜料都可在纸上使用，而且效果不错，但只有蛋彩画颜料和丙烯酸颜料最适合用于画布。在纸上用水彩画颜料画黑色线条时，画面看上去鲜亮、抢眼。用油画棒可以画粗重颜色，但会掩盖一些细节。油画棒和色粉笔能够凸显壁画的纹理，但如果进行大面积涂色，会显得没有生气。用蛋彩画颜料画壁画会使画面线条和形象变得模糊不清。可以选择一种最适合壁画大小和主题的颜料，或者同时使用几种颜料，如在油画棒颜料上涂水彩，使背景色看上去更加可爱、饱满，像蓝天或大海。还可以尝试多种可能性——这是经常创作壁画的一个很好的理由。

清理需要的材料

- 清理颜料需要的材料（详情参见第 3 章）。

布置美术室

在地板上画壁画要比在桌子上容易，因为桌子会限制儿童的行动。所以，把桌椅挪开，在地板上空出一大片空地，擦一下地板，然后铺上一块幕布、报纸或包装纸。需要注意的是，铺在地板上的幕布或其他覆盖物要比壁画大。同时，留出可以和儿童围坐在画的周围，并能在旁边来回走动的空间。

把画纸或画布放在幕布中央。对儿童而言，这是个极大的诱惑，通常被桌子和椅子遮盖的地板，现在竟然空出了一大片空地，供人活动。

把分给每个儿童的画笔放到一边，既方便使用，又不会碍事。

在托盘里摆放好要用的颜料及工具，创设小型简便的工作台。可以给每个儿童各创设一个工作台，也可以只创设几个，让他们共用。如果想让他们共用，最好是两个儿童共用一个，人太多反倒不方便使用。同样，要把颜料工作台放到一边。

准备好清理颜料所需的材料。

探索与创造

邀请儿童以热烈的冒险精神进入美术室。

看这个美术室！地板上摆放着大张画纸和画布。

用这张大画纸和画布可以讲述一个伟大的故事。

我们一起画壁画，讲述这个伟大的故事。

让儿童把鞋子脱掉，以保护工作区的环境。

召唤儿童在画纸或画布周围集合。如果想把壁画分为上、下两部分（如大地和天空、上半部和下半部），就需要在壁画上分出上下方向。

介绍什么是壁画。

壁画是非常大的、由很多小图组成的画。有时，一张壁画就像一堵墙那么大！

如果你在美术书或杂志上发现了壁画的实例，最好拿出来与大家分享。与儿童一起观察壁画的组成要素。

每一幅壁画都讲述了一个故事或一种想法。看看，我们能理解这些故事或想法吗？

制订创作计划

也许你已经有了主题，如春天、海洋、泻湖或者邻里之间。向儿童描述你的想法。

冬天走了、春天来了的时候，我们一直在观察周围事物发生了哪些变化。我们看到树枝上长出新芽，小小的紫色番红花破土而出。我们可以创作一幅壁画，讲述春天的故事。

如果你还没有想好画什么，就和儿童一起讨论。

壁画是要所有艺术家一起创作、共同完成的特别大的画。你想画什么呢？

儿童可能会提出很多建议。记录他们的想法，并将可能用到的想法一一列出来。他们可能很快就达成一致，也可能争论很长时间。当提出一些绘画主题时，教师应听取各种意见，确保提出的意见能综合考虑画面图像的多样性，符合大家的共同价值取向，表现丰富的内容。教师与儿童一起讨论，并根据这些要素提出你对他们提出的各种意见的想法。

我认为，最重要的是应该讲一个关于友善、和平的故事。画一个打架的坏家伙可不是友好的故事。

你们要画一片森林，这个想法让我很惊讶。我能想象壁画里有各种各样的元素——大树、灌木丛、河流、天空、动物。我希望我们的壁画里可以包含很多幅小画，然后所有画面组合在一起，共同讲述一个故事。

一旦确定画什么，请儿童说一说壁画里有哪些内容。教师负责记录。

画春天，里面应该画哪些东西？想一想前几周我们在外边看到了什么。

引导儿童边讨论边修正、提炼自己的想法。

我们列了要画的"树"。想一想，画哪种树呢？这些树会怎样讲述关于春天的故事？

儿童可能会提出一些与壁画主题不相符的想法——画一些自己喜欢或喜欢画的东西！这时，提醒他们将注意力集中在主题上。

这个壁画是画春天的。想到春天时，我不会想到恐龙，应该把恐龙画到另一幅壁画里。

详细列出壁画里有哪些主要元素之后，请儿童想一想自己想画哪部分。

我们要共同创作壁画。每个人都要把列出的想法画到和涂到画布上。我会把列表内容全部读出来。读的时候，你想一想要画什么。

问一问儿童要在壁画上画哪种东西。一旦选好画什么，就与他们一起回顾曾讨论过的细节。

你想在壁画上画树。还记得，我们打算在树枝上画一些绿色新芽和粉红小花吗？

在开始画之前，集体做计划，讨论如何使画面各部分有机地组合在一起：画面有顶部和底部吗？还是哪个方向都可以画？有些主题需要有明确的底部或顶部（如春天），另外一些则可以在各方向作画（如关于蝴蝶和水下的风景）。如果有明确的顶部和底部，那么在开始画之前确保每个儿童都了解哪里是画的底部。

如果你觉得先进行一轮练习和计划，效果会更好，那就让孩子们先各自把每个部分都画一个初步的草图。在正常尺寸的图纸上做这项工作。然后，让孩子们把各自的画都放在壁画纸或画布上，看看如何布局。确定了设计方案后，立即拍张照片或者快速画个草图，以便在实际的壁画创作中做参考。需要注意的是，进行壁画创作时，无论你还是孩子都要灵活。设计稿只是提供了一个方向，不是绝对严格的指令。当孩子们将他们的设计转移到画纸或画布上时，各个部分会多少有些拓展和收缩，向上、向下或横向移动。孩子们也可能产生新的想法。因此，最初的设计工作只是为了引领孩子们共同努力、集体创作壁画。

当孩子们一切准备就绪时，帮助每个孩子在画纸（画布）上找到适合绘画内容的位置。例如，某个孩子要画空中的小鸟，那就让他坐在画纸或画布上方；如果要画地上的草，那他就应该坐在画布底部。确保每个孩子都有足够的创作空间。

绘画

儿童一旦进入工作区,坐在画布周围准备画画,就可以为他们提供画笔。提示他们注意描画和涂色的不同(详情参见"静物画"部分)。

我们首先要做的是,用画笔在画纸或画布上表达自己的想法,然后用颜料、蜡笔或铅笔涂色。

这些情形除外:如果背景是纯色的,如海水、土地、蓝天,就可以让儿童在画之前把整张纸涂满。如果是画纸,就涂上用水稀释过的水彩画颜料;如果是画布,就涂上一层薄薄的蛋彩画颜料或丙烯酸颜料。开始画之前,将背景晾干。前一天可以做计划并将纸涂色,然后再画各个组成部分。或者在早晨制订计划并涂色,中午晾干后再画。

画壁画需要合作与协商,所以教师要待在儿童身边,提供帮助与指导。

协助儿童在壁画上找到自己要画的位置以及自己的画与其他儿童的画的关系。

让我看一看,你正在画一棵树。从壁画底部一直画上去,让它长成参天大树,怎么样?

把树画在壁画中间或者一边,怎么样?和其他画灌木或树的小朋友交流一下,听听他们的想法,看看应该把树画到哪儿。

引导儿童考虑大小的问题。

我发现你的朋友在树旁边画了一些花。我觉得,你画的树要比花大很多。

一只鸟飞上树枝,鸟巢要多大才合适?

帮助儿童协调创作空间。

画树枝时,注意看壁画上的蝴蝶,树枝不能挡住蝴蝶,所以画到蝴蝶那里的时候就别再画了。

提醒儿童互相反馈并提建议。

你的朋友发现你画的鸟太小。你会和他讨论这些吗？我会和他讨论，这样我们就可以一起想一想该怎么画这只鸟。

探索、关注各种关系。

小鸟正朝你朋友画的树飞去！树上有鸟巢吗？还是有朋友正等着它飞过去？

如果儿童画完了最初选择的内容，那么请他从列表里再选内容继续画，重新在壁画上确定画的位置，量好大小，使它与其他部分匹配，协调与其他部分的位置关系。

最后，壁画上会有很多内容。可能还没等孩子们把所有想法画出来，画面就已经很"满"了。引导儿童回头看一看他们的画，并做出评价。

站在稍微远一点的地方看。它讲的是春天的故事吗？还缺什么或有什么地方需要修改？

列表上有一些东西没画，但在我看来，这幅画已经很完整了，你们认为呢？我不想让画面看着太拥挤。我希望人们能看到你画的一些细节。

涂色

一旦儿童认为已经画完轮廓，就可以涂色了。引导儿童坐在将要涂色的画面附近。有时，儿童只想给画过的内容涂色，有时想为其他部分涂色。另外，如果你还没有从整体上给背景涂色，可以让儿童做，他们可能很乐意做大面积涂色工作。

当儿童围坐在壁画周围涂色时，把装颜料的托盘放在附近，供个人使用，或放在他们中间，大家共用一个托盘，方便取颜料和工具。布置工作区时，提醒儿童注意颜料探索的一些注意事项（详情参见第3章）。接下来，可以让儿童给壁画涂色，此时注意保持作品的完整性。

你画了一些很浓的线条来讲述春天，现在可以涂色，让故事内容更加丰富。

要根据线条轮廓来涂色。

涂色时，也要处理空间布局和图案设计问题，跟画图时一样。另外，还要说明的是，颜料可能会从一个儿童的画笔上滴到另一个儿童的画上，或者一个儿童用油画棒涂色时，笔触很宽，结果和别人涂的色碰到一起。这些问题都是合作创作时可能面临的问题。实际上，儿童协商空间布局和图案设计，也是在协商彼此的关系。

帮儿童选择适合创作的工具。如果给一大块图案涂色，就提供大画笔；如果画细节，就给他一支细画笔。如果用油画棒，就指导他如何用油画棒涂大色块和小细节（例如，用油画棒长扁的一头涂大块颜色，用细尖的一头涂细节）。

时不时地让儿童停下来，从新的角度重新审视壁画。

我们一直在近的地方观察壁画，这次，我们都往后站，从整体上观察。这幅壁画太生动了！

最后，壁画都被涂满了颜色，变得鲜艳动人。帮助儿童结束创作。

把树干最后一块涂完，任务就完成了！一起往后退，看看还需要加什么吗？

我们一直涂呀涂，涂呀涂！有时，很难一下子停下来。但是，如果一直涂下去，壁画看起来就会很糟糕，也很难看出你们要讲什么故事，这时该停下来了。

当儿童放下画笔和颜料时，让他们一起站在壁画一侧，欢呼、击掌、拥抱，庆祝一起完成的作品！壁画创作是非常艰巨的任务，值得我们为之欢呼、呐喊！

清理

清理颜料。

把壁画平放、晾干。如果空间允许，把它直接放到地板上晾干，这样做可以防止颜色挥发或颜料滴下来，避免画纸被撕坏或起皱。晾干时，先把壁画轻轻抬起一点，然后放下，这样防止在晾干的过程中画纸粘到地上的覆盖物。

纪录与展示

壁画内容包罗万象，如春天的风景、深海美景或者城市街区。儿童设计并创作壁画时，沉浸于所画主题的气味、形态、质感、颜色和形象，并创造出鲜活生动的视觉故事。

壁画同样可以讲述关于合作和关系的故事。儿童通过交流思想、提出建议和做出评论，展示另一个别样的世界。纪录和展示可以将这些故事一一讲述出来。

拍照捕捉儿童创作以及合作的瞬间，例如，一个儿童弯腰俯身蹲在画纸或画布前，仔细勾画细节；几个儿童的手挨近交错工作；一些儿童激烈讨论壁画时的场景。通过照片记录儿童如何将白纸变成鲜活生动的壁画。

当儿童绘画时，记录看到的合作场景：

- 他们决定设计什么样的壁画？设计时，他们如何考虑彼此的想法？
- 设计和创作壁画时，他们分享了哪些记忆和故事？这些记忆和故事有何异同？
- 他们是怎样在壁画周围为彼此留出创作空间的？怎样协调彼此的身体、胳膊和手的？
- 绘画和涂色时，他们互相给对方提出了哪些建议，有没有互相鼓励？

把壁画挂起来，配上一些照片和文字，表现儿童合作的故事。另外，还可以把你和儿童最初列出的绘画组成要素的清单展示出来，请参观者在壁画中寻找这些要素。

可以请儿童创作一首与壁画主题相关的简单诗歌或散文，表现他们在创作时体验到的气味、质感、意义和情感，然后将诗歌或散文一并展示。

时间：4月11日

    关于春天的壁画……

    今天早晨，埃琳娜、阿比、马克、奥利维娅和亨利聚集在美术室里，我问他们："什么东西可以讲述春天的故事？""要画春天的壁画，我们需要画什么？"

    孩子们很快就回答说：

- 盛开的花朵
- 阳光和白云
- 歌唱的小鸟
- 五彩斑斓的蝴蝶
- 刚长出新叶的树木
- 破土生长的植物
- 土地里的蚯蚓和蜈蚣
- 化冻后松软的土地

    孩子们从清单中选择他们想画的部分，并将他们的想法付诸实践。他们沿着铺在地板上的厚纸越走越近，这意味着他们可能互相碰撞、彼此侵占对方的工作区，也意味着需要不断协商。他们开始把清单上的想法勾画在纸上，而这需要更多的协商：

    "我需要画大树！"

    "太阳必须非常大。"

    "我要有能画出树的地方，太阳不能占了整个空间。"

"你可以在另一边,离太阳远一点的地方画这棵树。"

"你的蝴蝶和鸟一样大!和太阳一样大!太大了!"

"我要画很多蚯蚓,它可以促进植物生长。而且,春天正是植物生长的时候。"

"你画的蚯蚓和鸟一样大了!鸟儿怎么能吃下这么大的蚯蚓?"

最终,儿童通过协商和交流,达成一致意见。绘画和涂色时,他们沉浸在春天的勃勃生机里,生动地展现出春天的色彩、活力和广阔无垠。

我问埃琳娜和阿比:"我能不能把你们一起绘画时说过的话记下来?"他们对春天的描述为鲜活生动的壁画增添了新的活力:

"春天到了,橘子甜了。"

"薰衣草盛开了。"

"春天属于郁金香。"

"秋天因落叶而美丽。"

"冬天因雪花而美丽。"

"夏天因温暖而美丽。"

"而我最喜欢春天了。"

延伸活动

可以在如下情境中邀请儿童创作壁画：
- 集体探索故事时；
- 从独自探索变为合作探索时；
- 讲述共同的经历，尊重个体对事件的感知时；
- 重现表演游戏里的故事时；
- 表达一本书或故事中不同角色的观点时，例如，在透明塑料上画壁画，每幅画呈现一个角色，然后将各幅画一起挂起来，引导儿童从自己的角度出发共同创编一个故事。

下编

艺术：从美术室走进班级

下编，我们的视角从美术室扩展到整个班级。儿童可以在班级里运用他们在美术室获得的知识和技能，将艺术作为一种批判性思维工具。第6章我们探讨如何在日常班级互动中运用艺术媒介培养探究文化。一旦儿童可以在日常实践中自如地运用各种艺术媒介，就可以考虑将探究活动扩展为一种长期的研究。第7章就围绕这一问题展开，探讨如何运用艺术开展长期的、深入的探究活动。第8章介绍了一个有关树叶的长期研究活动，结合了第7章的原则及本书提及的其他观点。

第6章　运用艺术培养探究文化

美术室的艺术探究促进儿童熟练地掌握各种艺术媒介，并将其运用到学习和游戏中。从此，艺术走出美术室，闯入儿童的生活，成为一种儿童学习的语言。同时艺术也成为研究、提问、形成和检验理论、协作以及从多视角探索某一想法的工具，最终促进幼儿园形成探究文化。

教师如果把探究作为班级活动的中心，那么就要围绕教师的观察、研究、反馈、计划来组织课程。认真观察儿童的游戏并做笔记、拍照、记录自己的所见所闻。研究这些笔记和照片，揭示儿童游戏的意义，例如，他们在游戏时探索了哪些想法？问了什么问题？建立了怎样的关系？根据观察和研究，为儿童设计多种方式探索想法、扩展问题、巩固已建立的关系，同时制订下一步计划。这时，要寻求艺术的支持。

这看起来像什么？这里是一个充满生机和实质性探究活动的课堂。三个孩子一起努力用木块建造一座真正的高塔。但就在他们即将把普通大厦变为摩天大楼时，高塔塌了，他们的第一次尝试以失败告终。在第二次尝试失败后，孩子们停下来讨论高塔为什么会倒塌，以及他们应该采取哪些措施。

木块掉落的声音以及孩子们的惊叫引起了教师的注意。她走近去看孩子们的作品，倾听他们如何着手重建。其中，一个孩子说应该一直搭到房顶，一块块往上垒积木，这样就会搭得很牢固。另一个孩子认为应该谨慎，搭到一定高度就要停下来，不然越搭越高，最后就有可能倒了。第三个孩子则建议在塔的两侧添加积木，给塔加固，像圆柱那样稳固。

教师如实地记录了孩子们的争论过程，惊讶于他们对稳定性、平衡性和对称性的理解。教师发现，孩子们并没有完全理解彼此的想法，于是决定引导他们。她解释道："怎么搭建这座塔，你们有不同的想法。泰想把积木往上搭，像屋顶那么高；纳塔莉提出让塔保持稳定，不想搭太高；斯图则想在塔尖两边添加积木，保持稳定。我们把这些想法都画出来，这样就可以理解别人的想法。"于是，教师给每个孩子发了画板、纸和画笔，然后问："能告诉大家你的想法吗？"

孩子们开始在纸上勾画草图，呈现自己的想法。画完后，教师请他们把自己的画展示给大家，这引发了孩子们的讨论。他们纷纷指出不同之处，讨论对彼此的想法是赞成还是反对。现在，他们了解了彼此的想法，理解了对方并进行交流。在孩子们讨论时，教师静静地坐在旁边。他们激烈地讨论如何找到搭积木的合理方式，不太需要教师的帮助。最后，他们决定继续往上搭积木，小心翼翼地往上垒，让塔的两边保持在一条直线上，同时决定在塔尖两侧添加积木，让塔可以一直搭到屋顶。

重新搭建时，教师将草图收集起来保存，以便日后参考。几分钟之后，塔上的积木越来越多，塔有些摇动、倾斜。他们屏住呼吸，直到塔逐渐稳固才松了一口气。儿童以教师搭的塔为参照，把塔搭得跟教师的一样高。这时，他们一致同意停止搭建，有人提议把塔推倒。听到这个提议，他们都大笑，期待把塔推倒时发出"嘭"的一声巨响。教师这时站出来说："推倒之前，先把它画下来，这样就能记住自己搭的塔的样子。也许有一天，你想再建一座这样的塔，那时候你可以利用这幅画回想一下该怎样搭。"于是，教师给儿童发了画板和画笔。"用一分钟时间画塔的草图。"教师一一帮孩子们把画板的位置固定好，找好角度，以便他们清楚地看到塔的样子。在孩子们画草图时，教师坐在旁边，帮他们指出塔的细节，并且在他们不知道该如何记录时，为他们提供帮助。

画完后，教师将这些草图和之前的图放在一起。教师也已经在思考下一步如何促进孩子们进一步深入探究高度、平衡性、对称性和稳定性。她希望这些能反映儿童想法的视觉提示信息有益于后续的探索活动，尽管她还不知道儿童的探索活动会扩展到什么程度。

收集完草图后，教师退后一步，微笑着问儿童："你们还想推倒你们的塔吗？"所有儿童都跃跃欲试。他们把画板扔在一边，高兴地跳着，一起把建好的塔"嘭"的一下推倒。傍晚，家长来接孩子时，教师把孩子们的画和自己做的记录拿给家长看，与家长一起讨论孩子在搭建过程中提出的观点，例如，积木如何保持平衡、什么原因使塔倾斜倒塌了、怎样保持两边对称以保持塔的平衡稳定。同时，他们还反思、讨论如何深化儿童对高度、平衡性和稳定性的探索。最后，教师决定让孩子们进入美术室，进一步探索如何用硬纸盒和其他开放性材料进行创作。

教师打算先运用收集的草图，帮助孩子们重新审视建塔的一些想法，然后以此为蓝图，引导孩子们用硬纸盒建塔。她希望，美术室的创作能激发孩子们重新思考自己的想法，使难题迎刃而解。她计划让孩子们在建塔时画出他们想要的东西，然后参考这些草图，用积木搭建高塔。她不确定接下来会发生什么。她只计划了一两个步骤，但她知道这就足够了。因为她相信，随着有关高度的探索活动逐渐展开，必将会产生各种新的可能性。

就这样，经过不断观察、反思与制订计划，探究文化由此形成，教师、儿童和家长都参与其中。教师时而是被动的旁观者，时而是积极的参与者。有时，教师倾听、观察、记笔记、拍照、搜集反映儿童思考的蛛丝马迹。有时，教师会组织活动、提供材料以深化和激发儿童的思考，而且教师提供的活动材料通常涉及艺术材料。

培养探究文化时，我们的目标不是给儿童传授知识和信息，也不是让他们说出所谓的"正确"答案，而是希望发掘儿童游戏中潜在的问题和想法，最终引导儿童解决问题和困惑。我们希望能支持儿童形成学习者应有的品质，例如，善于提问、寻求挑战、在寻求理解的过程中寻找乐趣、思考多样的观点，以及欣然接受他人的批评和建议。

在这样的探究文化中，我们时刻关注正在发生的事情，而不是预见未来或提前很久制订计划。指向探究的课程也是随着不断尝试、探索，在团队成员都切实参与的过程中一步步发展的。对教师来说，这项工作需要他们保持充沛的精力，需要他们具有批判性思维和创造性思维。同时，为了做好这项工作，教师需要加强观察、反思、计划以及运用艺术媒介表达想法和情绪的能力。

接下来，我们将进一步阐述培养探究文化的具体环节，即从观察到反思、计划以及记录这一循环往复的过程，并探讨运用艺术媒介培养探究文化的具体原则、指导方针和策略。

如何培养探究文化

儿童其实一直沉浸于探究活动。搭积木时，他们其实就在研究稳定性、轨迹和高度。他们在探索自己容忍不确定性的能力。他们在试验自己的思维有多灵活，试验他们有多愿意把别人的想法融入自己的项目。儿童沉浸于探究活动，教师也与他们一起，但前提是教师要将自己的角色定位于认真的倾听者、学习者以及回应性的计划者。

观察儿童活动，倾听他们的对话。做笔记、拍照、画草图，收集儿童活动时的相关线索。

反思这些能反映儿童所思所想的线索，有助于我们解释儿童游戏的意义。最终通过研究，我们可以提出有关儿童的想法、问题和爱好的假设。

制订下一步计划，扩展和支持儿童的探索。做计划时，要考虑如何运用艺术媒介深化儿童的探索与合作。

当儿童接受邀请并参与教师设计的活动时，要继续观察并倾听他们的想法，记录观察的结果，开始新一轮的研究和计划。

在这一计划周期中，我们提供给儿童的不是指导，而是帮助他们巩固想法，发现其中矛盾和纠结混乱的地方，获得启示，了解这些活动与他们所做的其他工作、所掌握的其他知识有何关联、有哪些差别。我们致力于加强儿童与儿童之间的关系，以及他们在学习社区中有意义的参与感。具体做法就是为儿童提供材料和经验，以此激发问题，提供新的视角，引发不平衡，以及加强合作。

经过这样一轮完整的观察、反思、计划和记录，教师让孩子、家长和同事通过书面记录和展示看到自己的观察与思考。纪录由此成为我们反思自身学习与教学的一种方式。这种方式有助于我们研究自己对孩子的反应与指导是否适宜，以便不断增强我们行动的自觉性和有意性。

这一过程是螺旋上升的发展过程，带动教师、儿童和家长不断深化研究、合作及彼此的关系。它就像生活一样，是逐渐展开的，其间伴随着惊喜、困难及新问题的产生。它发生在我们的教室里，发生在日常生活中的每时每刻。

观察儿童游戏

努力关注日常环节，这些环节组成儿童的生活，让我们能够看见儿童的心灵和思想。随着对日常环节的关注，我们对儿童的了解也日渐加深。倾听、注视、记录是探究活动的一部分，观察则是探究的开始。

可以通过记笔记、儿童谈话的录音带、草图、流程图、照片、录像带、儿童作品复印件等方式记录观察所得，为反思和计划提供原始素材。

观察是一项非常吸引人、令人兴奋的工作！它激发我们深入研究儿童，仔细关注他们的语言、动作和表情，捕捉他们的种种细节，并促进我们进一步了解儿童，有目的地为儿童的游戏、研究和学习制订计划。

如果儿童画了、写了，或者创作了其他作品，我们就可以问问他们是否可以拿去复印。如果复印了，就把作品原件归还给儿童，让儿童带回家。你最初收集的笔记、草图、照片、副本、音频和视频记录为你的研究和计划提供了原始素材。这些也是你今后做档案记录或日志要保存下来的材料。

这些材料要细节丰富，从而帮助你回答如下问题：

- 参与活动的人是谁？儿童扮演了什么角色去推动游戏的发展？
- 用了什么材料？他们是怎样选择这些材料的？
- 儿童具体做了什么？说了什么？

做笔记时着重描述儿童之间的互动。例如，他们是否互相交流？具体说了什么？记录时要尽可能地记录他们的原话。

观察和记录时，应努力做到：

- 记录具体细节；
- 记录儿童的原话；
- 记录事实，而不是你的个人观点或解释。

拍照时，应努力做到：

- 抓拍自然瞬间，而不是摆好的动作；
- 拍照时低下身和儿童保持同样的高度，而不是俯视拍摄；
- 近距离拍摄儿童的表情、操作时的手部动作。

反思与意义建构

研究我们所做的观察记录，理解游戏之中暗含的意义。与合作教师及家长一起，共同反思儿童的行为与问题。

以下问题有助于引导你理解儿童：

- 对于儿童的活动，你有什么感到好奇的地方？
- 儿童对什么好奇？他们努力发现什么？
- 儿童展示了什么能力？
- 他们从中获得了哪些知识？验证了哪些想法？
- 他们怎样互相加深彼此的想法与观点？

- 有没有发现儿童想法中存在矛盾的地方？还有哪些含糊不确切的想法需要进一步探索？
- 仔细观察与倾听儿童之后，你还想了解什么？
- 你觉得这个游戏的目标和价值何在？

制订下一步计划

一旦理解了儿童游戏的意义，也就是其中潜在的问题、想法和情感，就要考虑如何进一步激发他们思考。可以计划接下来一两步要做的事情，并采取一些具体行动引导儿童探索。我们的目标是提出更多的问题，延伸儿童的研究，而不是告诉他们具体的知识或引导他们得出所谓的"正确答案"。例如，教师观察儿童建塔时，可以渗透关于稳定性和高度的内容，与此同时收集有关儿童让塔保持稳固的种种想法，并制订计划促进儿童运用不同的材料进行搭建，验证和不断修正之前的想法。也就是说，教师要提供各种机会扩展儿童的探究。

以下问题可以帮助你制订接下来的计划，激发儿童的思考：

- 可以在哪些方面改变教室的环境布置，以便儿童从新的视角审视自己的探索？
- 教室里需要添加哪些材料，提供怎样的"刺激"？
- 如何参与儿童的游戏？
- 如何激发儿童运用艺术深化思考？
- 怎样用笔记、照片和草图引导儿童重新审视和扩展游戏？
- 如何与家长沟通这项探索活动，并请他们与你共同反思，让他们了解你的想法和困惑？

纪录：让学习可见

我们用纪录来讲述生命运动的故事。我们不是在等待重大的探究结果，而是在过程中精心地记录，尽可能多地捕捉探索与实验过程的细节。在纪录中，我们讲述了我们作为教师观察到的东西、我们建构的意义，以及我们为做出回应而发出的邀请。我们努力使学习——我们自己的学习和孩子们的学习——变得可见。

记录故事的过程要求我们不断深入思考。当我们写下所观察到的某一时刻的意义时，我们需要比平时思考得更深入、更精确，而不是泛泛而谈。我们要反思自己在儿童学习中的角色，例如，为儿童提供了哪些有用的或无用的支持。因此，写作本身就是思考。

纪录不仅仅是报告孩子们的探索经历，还需要让家长和我们一起思考这些经历背后的意义，以及我们如何尊重和扩展这些经历。因此，写作本身又是一种关系建立的行为。

当你思考如何通过纪录让探究过程可见时，你就会发现回顾第1章中的纪录指南很有帮助。

将艺术作为探究工具

在制订下一步计划时，我们往往会考虑艺术本身。儿童可以利用自己已熟练掌握的各种艺术语言向自己及其他人表达想法，建构新的理解，发掘新的问题。

乔治·福曼（George Forman）这样写道："艺术是对经验的解释……它能帮我们了解自己是如何看待生活的……因此，艺术是思维的工具"（1996，56，58）。一名来自美国俄勒冈州波特兰市奥帕尔公立特许学校的五年级学生说了一段话，强有力地说明了艺术是怎样成为思维工具的。该学校的教师研究者在博客中引用了这段话（Karlsen，2015）：

当你有了一个想法时，加深这一想法的重要举措之一就是把它变成一种新的艺术语言或文字语言。这就像翻译，非常重要，因为如果你翻译不出来，就没有人能分享你的奇思妙想。被翻译出来的想法可以帮助其他人更好地理解你的想法……

在你通过文字或材料表达你的想法之前，你知道它就在那儿，但你不知道它是什么或者它是如何发挥作用的。当你把你的想法转换成某种可以说或看或别人可以理解的形式时，你就可以更好地理解它了。这不仅是一种适用于他人的理解方式，也适用于你自己。你可以认为你理解了一些东西，但当你把它翻译成另一种语言时，你会理解得更多，并发现它实际上与你最初的想法相比大相径庭。

这就是我们邀请儿童运用艺术媒介来探究时所需要努力达成的，即翻译行为使他们的思维变得清晰和明确。线条、颜色、纹理、形状、涂料、黏土、金属丝、木炭、蜡笔、木材，以及摄影、诗歌、戏剧、音乐等，提供了一种让儿童的思维变得可见的方式。儿童可以通过这些语言，交流、碰撞彼此的观点，并最终达成共识。同时，它们也是儿童交流情感、问题、想象、经历和梦想的语言。

艺术作为思维工具，可以让儿童：
- 表达自己的想法和问题，使其可见；
- 采纳新的观点；
- 表达和探索情绪；
- 研究物理特性；
- 加深他们之间的关系。

运用艺术表达思想

与成人一样，儿童的想法通常也是笼统的、模糊的，很难完全明确或清楚地表达出来。有时，他们的活动受直觉和本能驱动，从不对自己正在做的事情进行太多思考，只是做而已。但他们能够通过描画、涂色、泥塑以及建构活动表达想法，澄清观点，思考具体细节，解决矛盾的地方。同时，当表达出自己的想法时，其他儿童及成人可以明白他的想法，并能够和他一起思考其中的细微差别、复杂性、分歧及不协调的地方。

阿伦在玩圆柱体玩具，玩的时候按高矮顺序依次摆放。他玩得很投入，玩了很长时间，还想出一套玩游戏的步骤：首先将圆柱一一摆好，接下来把手放在圆柱上面，检验摆放得对不对，感受一下哪里不合适并做出调整，然后再把手放在圆柱上面感受摆放得对不对……经过不断努力，阿伦把圆柱从最小到最大依次摆好。他开怀大笑，别提有多高兴了。

为了表现他在排列积木时的思考过程，也为了使他的直觉思维转化成有意识的理解，我让阿伦把排列过程画下来。于是，他马上开始画。但让我吃惊的是，他画了一些逐步增大的圆圈，每个圆圈都比前一个大（我以为他会画越来越长的线，用线来表现这种变化），以此表现不断增大的圆柱积木。在画中，阿伦用圆圈作为符号，表达他对序列中积木依次变大的理

解。通过这种方式，他对圆柱序列的直觉、经验性理解逐渐发展成对大小和顺序的有意识理解。

运用艺术吸纳新观点

别人眼里的世界是什么样的？对同种经验，别人有什么样的感觉？是更小还是更大？这些都很抽象，很难想象。但我们可以让儿童从不同的角度进行绘画、涂色、泥塑或者建构，通过这种方式，让抽象的问题具体化。

妮科尔在地上捉蚂蚁，把它们放在桶里，并打算晚上给它们建个家。我想请她站在蚂蚁的立场上看待这种生活的巨大变化——从自由宽敞的土地进入狭窄的红色塑料桶里。

我问妮科尔："你认为，蚂蚁从哪里来？"

妮科尔说道："蚂蚁在洞里谈话呢。它们如果听见外面大吵大闹，就不会出来了。所以，我们必须安静！它们如果看见我们，就会害怕，不出来。我趁一只蚂蚁不注意，一下捉住了它！我比它快一点，所以捉住它了。"

"啊！"我说："蚂蚁洞里有什么？"

妮科尔耸了耸肩，说："不知道，也许是它们家里人吧？"

我给妮科尔拿了画板和铅笔，对她说："洞里有什么？能把你的想法画出来吗？"

妮科尔点点头，开始画。她一边画一边想象蚂蚁的生活："它们是一个家庭，相互聊天，还给孩子喂吃的。"

"蚂蚁的家在洞里，"我又说了一遍，"家里有孩子，给孩子喂吃的。洞里还有别的吗？"

妮科尔又在画板上翻开一张纸，继续画："在家里，有食物、一张桌子、一张床和一把椅子。"

我看着妮科尔的画，对她说："我明白了，蚂蚁的家在洞里，洞里还有家具。"

妮科尔研究了一会儿自己的画，然后看着塑料桶说："这里有 15 只蚂蚁，不止一个家庭，是很多家庭。它们都住在洞里，共用一个屋子。有些蚂蚁没那么快出来，因为它们在商量出来看看外面都有什么，想找到桶里的家人。"

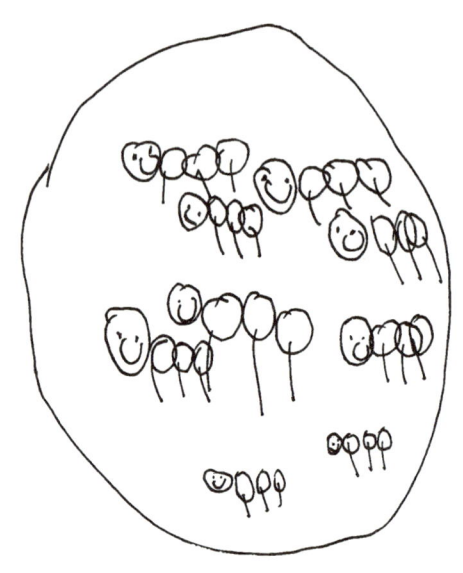

针对妮科尔的想法，我问她："洞里的蚂蚁想在桶里找到自己的家人，桶里的这些蚂蚁会怎样呢？"

妮科尔回答说："它们想从桶里出去，回到自己的家！我打算把它们送回家。"

妮科尔把桶挪到靠近裂缝的地方，然后把桶放倒："蚂蚁，回家吧！我会帮助他们，让他们回家！"

妮科尔开始努力地站在蚂蚁的立场上想问题，这对她来说是相当抽象的任务。所以，我并没有直接要求她把蚂蚁放生，压制她对蚂蚁的好奇心。我也不想上一堂关于蚂蚁洞穴和社会群体的科学课，相反，让她站在蚂蚁的立场思考问题，以此支持她对蚂蚁的兴趣。我让她画蚂蚁，帮助她深入地了解蚂蚁的生活，并从桶的内部和上方分别进行观察。这一新的视角进一步深化了她与蚂蚁之间的关系，强化了她对自己作为善良并富有同情心的人的自我意识。

运用艺术探索情绪

可以将艺术视作表达情绪的工具。色彩的强烈浓重与柔和浅淡都能够表达生活中的种种情绪，黏土和金属丝也可以激发儿童探索情绪的力量。当儿童出现某种情绪并将它表达出来时，他们以全新的视角审视它，并且能更好地与同伴讨论。

罗恩、杰得、肖恩、帕特里克等七名儿童每天扮演可怕的怪物。他们互相咆哮，挥舞着爪子，龇牙咧嘴。他们喜欢看《野兽出没的地方》(Where the Wild Things Are)，而且还在游戏里扮演书中的人物。过了一段时间，他们在恐怖游戏里加入海盗的角色，并且打算吓唬帕特里克的姐姐。柯尔斯廷老师和我一起观察他们的游戏，记录他们的言行，以此帮助我们理解，对他们而言什么是重要的。我们假设他们在探索凶残、发怒、卑鄙和恐怖的力量，希望尊重他们的探索精神，因此为他们提供了工具，帮助他们思考凶猛动物和海盗的情绪。我们决定让他们自己用照片表现凶残的人物和动物。

我们把儿童脸部的照片放大并塑封，在旁边摆放各种颜色的记号笔，然后请儿童进入美术室。柯尔斯廷说："你们总是想把自己变成凶残的海盗，我听说你们会咆哮、弯起手指当爪子、化妆、说恐怖的话。今天，你们

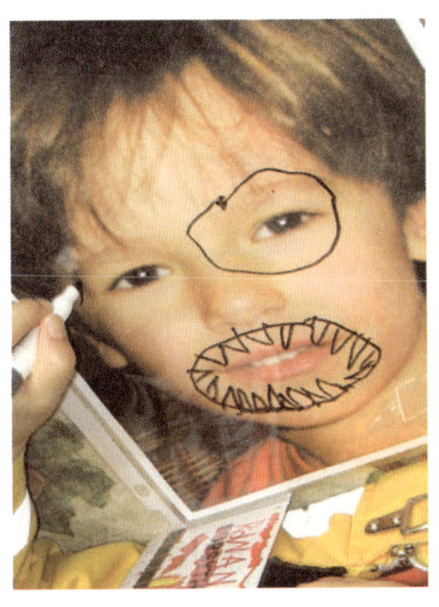
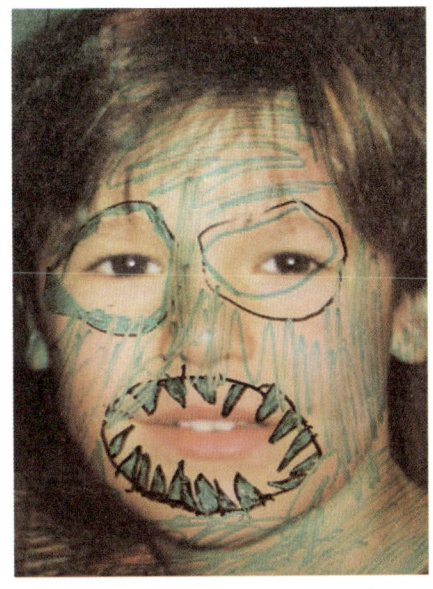

可以在自己的脸部照片上画一张恐怖的脸。"

在谈论了一小会儿关于恐怖的话题后,他们发现自己能扮演很多凶猛的人物或动物,于是开始在照片上画画。

画的时候,他们先把塑料膜拿开,研究平时微笑时脸的样子,然后把塑料膜放好,在自己熟悉的面孔上画凶猛的人物和动物。这样,色彩和线条组合在一起,将轻松、微笑的嘴巴变成龇着锋利牙齿的恐怖大嘴。温和的眼神变得粗野无比,光滑的皮肤变成像皮革似的绿色兽皮。通过艺术,儿童从"外部"直观地了解了卑劣、凶残的情绪,这与他们之前一直通过表演游戏从"内部"探索情绪相呼应,二者相辅相成。

运用艺术研究物理特性

艺术也可成为理解动作和物理特性的工具。例如,拥有复杂结构的建构物直逼云天;火山爆发的熔岩溢出;动物骨骼被埋在地下形成化石;儿童在地上跳、跑、翻跟头、摔跤、攀爬、打滚、跳跃、转圈以及躺下喘气。我们可以通过泥塑、绘画和涂色活动研究这些物理结构和动作,激发儿童了解物理世界的愿望并鼓励他们全身心地投入游戏中。

我们曾进行过一个长达数月的有关沉浮的研究活动,这个活动是这样开始的:四个孩子在水桌旁玩石头、闪闪发光的玻璃球、他们用乐高积木搭的船。孩子们一边玩一边聊天。

费利克斯:"我的乐高船能漂浮在水面上,因为船底很光滑,水的力量很大,能把它拖起来,让它漂浮。"

埃里克:"石头会沉,因为它们很重。"

乔纳:"因为它们没有足够的空气。"

露西:"石头对水来说很重,但对我们来说不是。"

费利克斯:"人太重了,所以人不能浮起来。"

乔纳:"埃里克会浮起来,因为他很小。但是我又大又重,所以我会沉下去。"

孩子们的谈话引起了尼克老师的注意。他不动声色地坐在孩子们旁边的一张桌子旁,听着他们的对话。当讨论结束,孩子们准备去另一个地方玩时,尼克问他们是否愿意和他一起坐在桌子旁,给他讲他们关于沉浮现象的发现。孩子们很高兴地拿起尼克给他们提供的纸和笔,表达他们的理解。

埃里克 3.5 岁,是这群孩子中最小的孩子(从对话中你可以看出,他是最小的孩子)。乍一看,他的画就像潦草的涂鸦。

但是,如果你仔细观察,你就会发现这些表达非常清晰。注意这两幅图中线条的运动方式,有没有看出埃里克在描述上浮现象时,线条方向是向上的;在描述下沉现象时,线条方向是向下的?他没有用太多口头语言来描述沉和浮的区别,但他的艺术语言非常有说服力,足以表达他的观点。

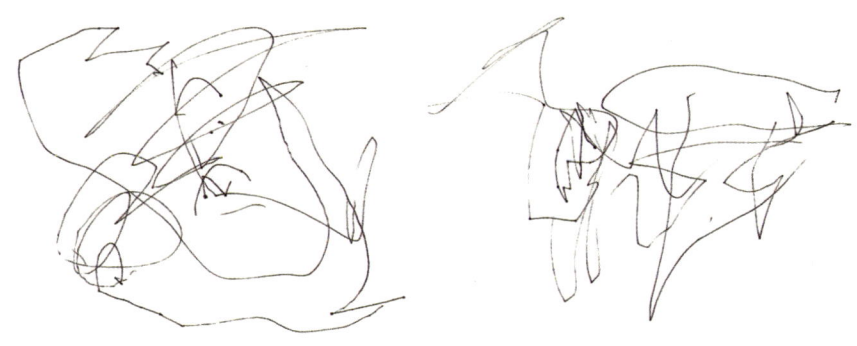

埃里克画的上浮现象　　　　　埃里克画的下沉现象

运用艺术深化同伴关系

儿童一起游戏时,会遇到互相不理解对方想法的时候,导致紧张气氛和冲突,进而慌乱、不知所措,最终影响他们之间的关系。如果让儿童运用艺术交流彼此的想法,就可能缓解紧张的气氛并重建彼此的关系。儿童在纸上看到别人的想法时，不理解和不被理解的沮丧心情就会马上释怀，他们开始互相理解，并以合作者或朋友的身份重新看待彼此。

很多天以来，卡尔和安德鲁一直在表演区里搭房子、垒堡垒。他们用大张泡沫板做房顶，并用高一点的硬纸板做"支柱"支撑房顶。一天早上，卡尔提议建个新东西，他对安德鲁说："我们来建个房子吧，但不要那种平平的房顶，要像真的房子。"

安德鲁反对说："我们就在建一个真的房子呀！把它建大一点，能进去了，不就是真房子了吗？"

卡尔摇摇头说："不是这意思，不是这种真。真房子不是平房顶，是一个真的房顶。我不想再造一间愚蠢的房子。"

安德鲁听了很气愤："不要说'愚蠢'！"

卡尔坚持说："我们要建一个真房子，一个真的房顶。"

安德鲁试图理解他："你的意思是像个帐篷吗？"

卡尔开始有些生气："不，不是帐篷！是房子！"

我一直在听他们的对话，慢慢地理解了卡尔的意思，也知道安德鲁打比方说建帐篷其实已经说明他开始明白了卡尔的意思。两个男孩用两种不同的语言描述同一个问题，导致他们产生分歧而不是彼此理解。于是，我提议："卡尔，你能给安德鲁画出你的意思吗？"说完，我给他拿出画板、纸、画笔，让他画出草图。

卡尔的想法

安德鲁看着卡尔的画，笑了。"现在我明白你的意思了！是这样吗？"他拿起画板，画出了他对卡尔的想法的理解。

安德鲁的理解

看到安德鲁准确画出自己的想法，卡尔笑了，说："对，这就是我想建的房子！"

安德鲁和卡尔又成为合作者，两个小伙伴一起建房子。他们开始建造，并反复交流讨论如何建有尖顶的房子。画草图让他们表达出自己的想法，并使想法直观可见。绘画语言清楚明白、具体明确，而这一点是口头语言所无法做到的。它打破了儿童的所有努力都可能付诸东流的僵局，促使彼此之间相互理解。

将艺术作为思维工具的班级日常教育实践

将艺术从美术室引入班级，并不需要做大的变动，只需做如下简单的调整。

开辟一个区域，把绘画材料放在这里。确保班级各个角落都有画板和画笔，方便教师和儿童随时用它们画图、做记录。

教师带头用艺术媒介表现儿童的活动和游戏，如画出儿童的建构物。

你设计了这么复杂的一个马赛克图案啊！我把它画下来，这样，我们就能记住它。也许你以后还想再设计一个，这幅画可以帮你重新设计一个。

将儿童在表演游戏中去过的地方画出来，就像画地图一样。下次儿童表演时，把地图拿给他们用。

这里有幅地图，上次你在表演区玩"小猫过家家"游戏时去过的地方就是地图上画的这些地方。你离开家去了医院，又去了杂货店，又去了公园，然后回家。下次你再去这些地方的时候，可以想一想这幅地图是怎么画的。

把儿童表演游戏时的场景画出来，为制作图书做准备。

我想知道，你想不想给这个故事配一些图片或文字？故事讲的是一天早上，你在表演区的游戏。

列出儿童用橡皮泥制作蛋糕的过程，配上简单的草图加以说明。

首先，把糖和奶混在一起，然后加入巧克力、糖果。我先用文字记录了蛋糕的做法，现在要画一些图，表现混合糖和奶以及添加其他材料的过程。

激发儿童运用艺术媒介丰富游戏细节、表现游戏。

你能把游戏的玩法画出来吗？

把你建的东西画出来，帮助你记住它。

我们在画板上画一座城堡，然后把它搭建出来。这样，你就能把画的东西建出来，并将想法转化为现实。

我们制作一本关于表演游戏的书吧。我把你们说过的话写下来，你们画图。

重新看画和记录，请儿童回顾以前做过的活动。展示他们的画以及材料，如列出制作蛋糕时的"食谱"，以及制作蛋糕的橡皮泥。

建议儿童以自己的画为"蓝图"开展制作活动。

我把你做的宇宙飞船画下来。你看看就知道怎么做，赶快重新做一个吧。

把儿童的画塑封或者做成幻灯片进行展示，让儿童与放大的画互动。

卡拉·里纳尔迪（Carla Rinaldi）这样写道："整个学校就是一个大的美术教室，一个大的研究和思考实验室，儿童和成人都在这里找到属于自己的声音"（2005，170）。在培养探究文化的过程中，艺术从美术室走进班级。它变成一种思维方式，一种理解和探索经验、想法以及促进相互理解的方式。同时，当艺术走出美术室融入日常生活时，它就变成一种表达思想、吸纳新观点、探索情绪和物理特性以及深化关系的工具。

第7章 运用艺术开展长期研究

　　作为教师，当我们将班级活动定位于探究时，我们就有可能看到大量自然发生的、实质性的研究。一旦我们激起儿童对某些事物的探索欲望，它们就会发展成为研究活动，把我们引向意想不到的地方。一个孩子画的积木塔草图可以让孩子们展开有关对称、稳定性和高度的研究；桶里的蚂蚁可以引发孩子们表现出代表家庭和社会群体的温柔慈爱、同情怜悯行为；孩子们玩的凶猛怪兽游戏也能激发他们对凶猛和恐惧的研究。探究的循环周期，即观察、反思、计划、记录，再次观察、反思、计划、记录，其实就是一项长期研究。艺术语言成为我们进行探究和长期研究的语言。深入、长期的研究能够将儿童的头脑与心灵、精神与身体、理性与想象、认知与表达融为一体。孩子们会提出很多想法，并逐渐搞清楚、弄明白它们。其间，他们会有各种令人惊喜的发现，进行激烈的讨论，也会经历努力寻求解决路径、继续探索的挣扎。我们非常欢迎这种丰富的探索活动，明白这些活动可以让我们充分了解儿童的倾向，例如，儿童的自我意识、智力和情绪性冒险、好奇心、坚持性、大胆的想象、渴望做出自己的贡献、合作能力以及强烈的沟通欲望。

　　我们做计划的目的是提出问题，解开谜团，并扩展我们正在思考的问题的复杂性。我们为孩子们的探究做计划，而不是为与学习目标或评估相关的课程或活动做计划。我们所寻求的学习不仅仅是教师主导的学习，即教师设计一系列活动，组织儿童开展，然后帮助他们实现可测量的目标。我们所寻求的学习也不仅仅是完全由儿童主导的学习，即教师创设环境，然后后退，不再安排儿童游戏，也不为他们的游戏提供任何指导。相反，我们希望儿童在探索过程中，在研究、提问和理解的过程中逐渐学习。在这一过程中，我们与儿童一起探讨和解决各种有意义的、实质性的、事先没人知道确定答案的问题。为此，我们需要借助材料语言、经验语言和艺术语言来做计划。

开展长期研究的基本原则

你可以参照以下这些基本原则设计课程，运用艺术媒介引导儿童深入开展研究活动。

基于儿童游戏中潜在的问题及想法开展研究

儿童游戏的过程，其实就是他们在研究困扰他们的问题的过程。例如，当孩子们玩一个关于小猫从猫妈妈身边跑开的角色表演游戏时，他们可能在研究服从和不服从、安全和风险或者分离和重聚的问题。对致力于支持儿童探究的教师来说，他们所面临的挑战就是透过表象去看问题，理解儿童游戏中潜在的问题和意义。例如，关于小猫这个话题，我们想知道的是孩子们通过扮演小猫离开猫妈妈去试图理解什么，而不是开设一系列关于猫的照料或猫家族的课程。随后，我们可以从孩子们提出的问题中找出一条探究线索。

以小组为单位，聚焦一项研究

把兴趣相投或问题相同的儿童分到一个学习小组，或者让观点、技能水平不同的儿童组成一个学习小组，这种形式非常有利于开展研究。例如，在一项关于高度的研究中，一些儿童可能很兴奋地探索如何建造高高的建筑，另一些儿童则可能关注从建筑顶部可以看到的风景；一些儿童可能被结构性问题吸引，另一些儿童则可能被存在主义问题吸引；一些儿童最擅长三维立体表征，另一些儿童最擅长讲艺术故事。

四五岁的凯蒂、哈蒂、莱拉、索菲娅和塞西莉亚聚在前院的一头，在柠檬色的冬日阳光下，在近45分钟的时间里全身心地投入侧手翻的活动中。女孩们的侧手翻水平各不相同：哈蒂和凯蒂很熟练，莱拉、塞西莉亚和索菲娅则是新手，她们试图弄明白如何在侧手翻的同时不摔倒在地。凯蒂和哈蒂扮演教练的角色，给另外三个小伙伴提供指导和鼓励，另外三个小伙伴则高兴地跟这些更熟练的"师父们"学习。

一开始，哈蒂解释说："我做侧手翻越来越好了。虽然我们昨天的体操课上没有做侧手翻，但我还是进步了。"她和她的小伙伴们都很清楚，在学习像侧手翻这样有难度的动作时，练习是必不可少的。她们一遍又一遍地在草坪上练习。在这个过程中，有无数次的跌倒，也有数不尽的欢笑。她们经常屁股着地，然后顺势躺在地上笑个不停，之后重新振作起来再次尝试。

哈蒂教女孩们："站直，像这样。"她像士兵那样，站如松，双腿紧扣在一起，牢牢地站在地上，双臂放在身体两侧，双肩摆正。

凯蒂继续指导动作要领："双脚并拢。把一只手举到空中，另一只手像这样伸出来。如果你双脚着地，那就意味着你做了侧手翻。"

此外，我还对孩子们做侧手翻时开始和结束的动作姿势进行了补充指导，提醒他们注意："先把一只手放在地上，再把另一只手放在地上。""如果想达到侧手翻的最佳效果，你在旋转的时候要保持腿是直的。""最后，侧手翻结束时要站直，重心要从一只脚移到另一只脚，就像你从一只手移到另一只手一样。"

凯蒂对我的阐述产生了共鸣。她肯定地说："是的，就是这样！一个，然后是另一个。一个，然后是另一个。"

塞西莉亚、索菲娅和莱拉下了很大的决心去练习侧手翻。她们既专注又幽默,不断训练自己的技能,目标是一次只用一只手而不是像倒立时那样双手着地,并试图先用一只脚着地,然后再用另一只脚着地。

我鼓励女孩们互相观察,看她们是否能分辨出怎样做有效,怎样做可能让她们出错。我建议她们注意自己练习时所使用的肌肉:"有时候,当人们知道自己使用哪块肌肉移动时,他们就能学会做一些杂技动作。你能说出你在侧手翻时用的是哪块肌肉吗?"凯蒂把这个问题记在心里。她在侧手翻的时候放慢了速度,她的脸因为专注而绷得紧紧的。在做了几个标准的侧手翻后,她把手放在腰后,笃定地说:"我在用这些肌肉!"

我还向其他几个做侧手翻的孩子建议,要特别注意腿旋转到空中时用到了哪些核心肌肉。"这些肌肉可以带动你的腿离开地面。所以做侧手翻的时候,注意一下腹部和背部肌肉,看看会发生什么。"

女孩们一直在练习侧手翻,直到吃午饭才结束。她们在玩游戏和练习的时候,越来越多地把自己身体动作的努力与意图联系起来。她们分享技巧,互相指导。她们在教和学上所做的努力既让人印象深刻,又令人肃然起敬,所以我把这五个女孩做侧手翻动作的故事带到了每周一次的教师例会上分享。

当谈到女孩们对侧手翻的执着探索以及她们的幽默和努力时,我们发现这个活动为后续开展实质性探索提供了多种可能性。我们可以以小组的形式交流凭直觉获得的知识,倾听信息并寻求信息所代表的意义,以及从体验式理解转换到有意识地理解运动和形态。

当我和老师们思考可以采取什么样的行动来促进这种探索时,我们仔细推敲了这个侧手翻活动的一个方面:当女孩们在草坪上侧手翻时,她们可以看到其他人的动作,但她们看不到自己的动作,所以她们的关注点实际上是在外部和内部之间来回转换。当她们能够提出建议、倾听反馈时,她们其实就是在分析性语言和肌肉的经验性语言之间来回转换。在我们这些教师看来,这种转换行为——存在于她们的观察、交流和行动中——是儿童掌握任何一种运动技能的关键。于是，我们决定，侧手翻活动的这一方面就是我们下一步需要推动五个女孩开展的研究。

在做计划之前，我们尽量思路清晰，让自己更清楚地认识到学习一项运动技能所面临的挑战。我们分享了自己学习高空秋千、瑜伽和攀岩的经历。我们也回想了儿时努力学习骑自行车时的情景。我们讨论了我们是怎样在内部关注与外部关注、感受与观察以及倾听与指导之间不断转换的。我们想起对着镜子做动作是多么有帮助，还想到了研究影像资料的专业运动员。于是，我们获得了下一步探索活动的灵感，那就是让孩子们能看到自己的侧手翻动作。

我们决定让埃米莉老师和我一起作为指导教师，邀请凯蒂、哈蒂、塞西莉亚、莱拉、索菲娅到体育馆再多做几次侧手翻。在她们做的过程中，我们两位老师可以拍照、录像，记录她们侧手翻的过程；随后，我们再把这些视觉图像拿给孩子们看。然后，我们可以邀请孩子们参与一场转换活动：用视频和照片作为参考，让孩子们画自己侧手翻的线描图以及她们看到的东西。我们认为，这样做能有效地帮助孩子们仔细地观察自己做侧手翻时的动作和姿势的细节。

从个人探索转向合作研究

对儿童来说，一个很有用的开启研究的方式就是弄清自己的想法——理解、误解和问题。儿童自己画的画、泥塑作品可以让他们的思维可视化，这样一来，他们就能以此为起点进行合作研究了。

他们提供自己的作品，分享彼此的观点与见解，互相提问，并初步进行评论。这样做有助于他们每个人都用全新的眼光来审视自己的作品，并根据新的理解来调整作品，或者调整作品来回应同伴提出的挑战。他们一旦明确了自己的想法，就可以合作，将各自的想法整合到一起，就像他们一起写一本书，或者合作创作一幅壁画一样。这是儿童个体想让自己的作品更有深度、更复杂，或者儿童小组想获得共同的理解、共同的问题抑或共同思考一个点子所必须经历的自然轨迹。由此，儿童便形成了一种可以用来建构新知识的共同语言。

侧手翻表演结束的几天后，我们邀请莱拉、索菲娅、塞西莉亚、凯蒂和哈蒂来到体育馆做侧手翻动作，我和埃米莉老师负责给她们录像和拍照。孩子们反复做了很多次侧手翻，她们在努力做动作的同时发出阵阵笑声！

那天下午，我和埃米莉把视频和照片整理成幻灯片，并为每个孩子打印了一套照片。一周后，我们邀请这五个女孩到美术室看她们做侧手翻的视频和照片。我们希望孩子们能"从外面"看她们的侧手翻动作，使她们关于自身运动与肌肉的内在意识得到视觉上的补充。

看幻灯片时，孩子们边看边讨论。

哈蒂："我踮起脚尖，举起手。我以前不会做侧手翻，但现在我会做了。"

莱拉："我们一直练习，直到熟练为止。"

索菲娅："我不知道怎么做侧手翻。"

凯蒂："我可以教你。"

我："我打赌，你肯定知道做侧手翻的一些特殊技巧，这些技巧可能对其他人学习侧手翻有帮助。在做侧手翻时，你的手臂是什么样子的？"

凯蒂："我的手臂垂直向下，没有弯曲。"

我："你的眼睛看向哪里？"

凯蒂："我的眼睛看着我的双手。"

经过几分钟的交谈，埃米莉向孩子们提出了一个挑战："大家刚才一直在想方设法搞清楚如何协调身体动作来做侧手翻。你们做了侧手翻，也互相观察了。你们还看到了自己的侧手翻动作。我和安觉得，大家把自己做侧手翻的过程通过线描画画出来，也许会有助于你们思考如何做好侧手翻。"

线描画是孩子们熟悉的一种表达方式。于是，她们很快就准备好了夹板和笔。埃米莉拿出我们为每个女孩打印的侧手翻照片，这些照片拍摄的时间间隔长短不一，但基本上都捕捉到了侧手翻过程的各个阶段。她把这些照片拿给女孩们参考。孩子们兴奋地谈论着照片，好奇地观看彼此的照片集，随后，她们把这些照片按动作顺序在夹板上排列成一个弧形，然后开始画画。

这不是一项简单的任务。做侧手翻动作是对直觉理解的一种身体表达，画侧手翻动作则是一种有意识的认知表达形式。照片在这两种表达形式之间架起了一座桥梁。孩子们对于动作的直觉理解呈现在照片中，通过观看照片产生意识，再通过绘画表达出来。

"先观察，回忆你做侧手翻时的感觉，然后再画。"埃米莉指导孩子们画画时说道。孩子们研究了她们的身体弯曲和抬起的方式，手、脚接触地面和远离地面的方式，关节弯曲的角度，头发垂下来的样子，然后把她们所看到的用线描画画出来。凯蒂、莱拉、哈蒂、索菲娅和塞西莉亚拿出一张又一张照片反复对比着，将侧手翻过程中的关键阶段逐一画出来：准备翻转，侧着身子把一只手放在地上，上下颠倒，双腿放回地面。

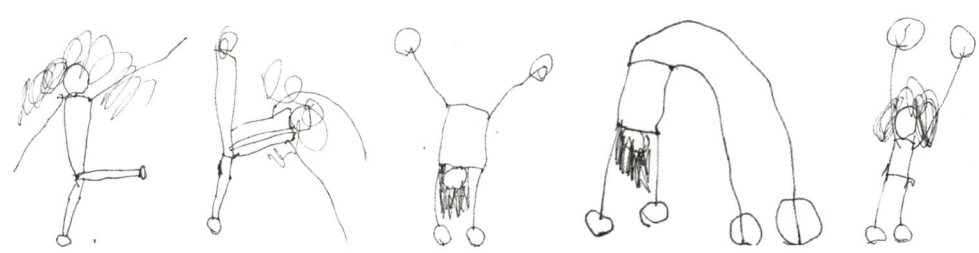

一个星期后，我和埃米莉跟这五个孩子再一次碰面，想让她们研究彼此的画，就像她们当初在现场研究彼此做的侧手翻动作一样。我们希望通过这种方式来增强她们的观察力，深化她们的理解。

我们以小组的形式观看每个孩子画的全套作品。孩子们一个接一个地把她们的线描画（简要粗略地还原侧手翻动作）和她们所参照的侧手翻照片拿了出来。当研究彼此的绘画作品时，她们用清晰的语言描述了侧手翻过程中每一个步骤所使用的动作技能与策略，我和埃米莉从未听她们这样说过。她们的语言描述具体、精确。她们没有简单地描述照片和线描画中的动作姿势，而是详细地描述了每一步带给她们的内在感受，例如，身体上下颠倒时的方向迷失感，以及先用一只手着地再用两只手着地时的平衡感。

看到孩子们如此睿智，我很兴奋。于是，我建议她们把画重新组合，例如，把第一步的所有五幅画放在一起，把第二步的所有五幅画放在一起，以此类推，直到所有画都按步骤分好类。在重新整理这些图画时，孩子们变得活跃起来，说个不停，随后我们继续集中精力研究线描画。看着这些按照步骤分类摆放的画时，我们比之前注意到更多细微的差别。每一幅画都描述了每一步骤的独特之处，而把这些画放在一起能让儿童更加全面地理解每个步骤的具体动作。

下面是孩子们画的画和说的话：

第一步：站直，然后，抬起腿和手臂。

第二步：侧身。弯曲身体，头点地，抬起腿。脚离开地面，试着立起来。准备倒立：双手放下，一只脚几乎立起来，准备抬起，紧接着另一只脚也抬起。

第三步：上下颠倒！向上翻——两腿伸直并拢，双手放在地上，手臂伸直，头发垂下来。倒立时就是这样子。

第四步：侧弯着地。腿放下来，脚和手臂同时着地。

第五步：双腿着地后站起来，同时举起手臂！站姿华丽优美——双腿站直，手臂伸直并举向天空。

在分析以上绘画作品的过程中，孩子们的表现有巨大飞跃，完全超出我和埃米莉的预期。她们以一种令人信服的实事求是的态度，选择了最能充分反映侧手翻每一步骤复杂性的作品。她们没有选择"最漂亮"的画，也没有选择她们都认为是"最好的画手"画的画，而是仔细评估了所有画的表现力和准确性，然后从中选择最能清晰表现侧手翻各个步骤复杂性的一幅。令人惊奇的是，在没有任何明显协商或争议的情况下，她们从每个人的画中都选择了一幅，这样最后算下来，每个孩子都在这组画中找到了自己。

最后，我们浏览了埃米莉带到教室里的几本瑜伽指导书。这些书用照片和文字描述了复杂的身体动作和类型。埃米莉提供这些书是为了致敬孩子们用图片和文字来表达侧手翻时所做的努力。"其他人也正在做你们做的这类工作，"她一边说一边从包里拿出书来，"人们使用照片、图画和文字来教瑜伽，就像你们用照片、图画和文字来教侧手翻一样。"

后来，哈蒂还建议大家写一本书。在见识了孩子们的杰出表现后，她的这个提议一点也不令我们意外。

研究的问题要与艺术媒介相匹配

每种艺术媒介都有其独特性，也都有与某一主题相匹配的特定方面。

绘画可以表征任何一种想法，无论这种想法是多么不现实或复杂。绘画可以记录某种经验或某个建构的作品，也可以捕捉创作者的观点，但是它不能表现三维立体效果。

使用黏土、金属丝和废旧材料等三维立体媒介，可以让儿童了解绘画作品中描绘的东西变成实物后会是什么样子。

黏土和金属丝可以回应儿童的塑型想法。黏土可以充分展现三维立体效果和动作，金属丝也可以。但对儿童而言，操作金属丝更有难度。金属丝特别适合塑造轮廓和动态线条。

硬纸盒、管子、软木塞和瓶盖等废旧材料比黏土和金属丝更具结构性。儿童可以利用这些材料进行搭建、扩建活动，创作三维立体作品，展现把各部分材料组合时所涉及的平衡、物理学和力学问题。

颜色能引发人们的不同情绪。颜色既可以用来表征物品，也可以有更抽象的使用方式。颜色醒目且富有吸引力，能帮助儿童将某种想法鲜活生动地表现出来。

经常重新审视和调整之前的想法

因为每种艺术媒介只适合表现某一想法的某一方面，所以当儿童需要从多个角度、深入探索一种想法时，非常有必要使用多种媒介。例如，儿童可以使用绘画作品来指导他们的泥塑创作，然后再根据他们在泥塑中获得的发现调整自己的绘画作品。每当孩子们重新审视他们的作品时，他们的思考就会更加深入：认识到不一致、注意到某种特定媒介凸显的新细节、从新的角度看待事物或者发现不同想法之间的联系。最终，儿童通过一种艺术媒介表达的想法会被另一种艺术媒介拓展、提升，但是也有可能与另一种艺术媒介所表达的内容相冲突。

当孩子们重新审视他们的作品时，温和地向他们指出他们思维中的矛盾和不一致之处。这不同于纠正孩子们的误解或错误，或给他们提供"正确"的信息。要牢牢地锁定儿童的思维与理论，运用他们正在使用的语言和照片来指出他们思维中的矛盾或不合理之处。例如，"你在一幅画里画了开始做侧手翻时两只手着地的样子，但在另一幅画里只画了一只手在地上。我想知道，你觉得做侧手翻的第一步是什么。"当孩子们努力应对这些不一致和矛盾之处时，他们的理论就能够得以深化。

纪录是帮助儿童重新审视之前工作的重要工具。创作过程中发生的故事及拍下来的照片经常会重新点燃他们的兴趣，激发新的探究和讨论。

在孩子们画好侧手翻的线描画后，我和埃米莉再次碰面，一起研究了她们的画和我们所记录的她们的谈话内容，为下一步活动做准备。孩子们对她们所做努力的描述以及对肌肉带动身体在空中运动的描述，震撼了我们。身体上所做的努力很难在强调形式的绘画中体现出来。但是，在描述侧身翻的动作步骤时，她们使用了"向上翻""弯曲身体""抬起腿"和"试着站起来"等语言。这些语言生动鲜活，捕捉到了侧手翻动作中蕴含的力量与技巧。

画画活动帮助孩子们了解了侧手翻的各个阶段，但仅限于交流静态的、互不相连的一个个动作。我们下一步应该提供什么样的艺术媒介，促进孩子们从描述动作转换到展示肌肉和身体运动？我们想到了孩子们所熟悉的三维立体媒介——黏土、金属丝和开放性材料，思考每种媒介如何突出孩子们做侧手翻时身体触地和伸展、抬起和平衡、折叠和移动的方式。最后，我们选择了金属丝，因为它是一种可以弯曲、折叠、拉紧的材料。我们可以邀请孩子们使用金属丝来展现侧手翻的每一步。孩子们仍然可以继续致力于研究身体姿势，但我们认为，弯曲金属丝来表现各种姿势的过程将会呼应和进一步强化他们做各种身体姿势的方式。

过了一周，我们跟莱拉、索菲娅、塞西莉亚、哈蒂和凯蒂碰面，询问他们之前使用金属丝的经验。

我："关于金属丝，你还记得什么？怎样使用金属丝塑型？"

哈蒂："我第一次做的时候很沮丧。不过等做出来后，我就觉得很容易了。"

我："你做到哪个地方的时候觉得很沮丧？"

哈蒂："女孩的头很松，我很难把它和身体连接起来。"

我："那你是怎么解决这个难题的？"

哈蒂："我把它整个拿下来，然后先绕金属丝的一边，再绕另一边。"

塞西莉亚："最初几次，我都是徒手工作。现在我知道得多了。你可以把手指伸进去，把金属丝弄弯并且将它绕到手指上。"

凯蒂："使用金属丝时，你要一直将它弯曲、弯曲、再弯曲。"

莱拉："把金属丝弄弯太难了。你要是能把它弯成你想要的样子，你就是它的主人。"

索菲娅："这个很难。你想要的和实际做出来的不是一回事。"

莱拉："要做出你想做的样子，真的要花很多时间。"

哈蒂："开始可能有点失望，刚开始练习时，我想我可能永远也做不出来，但是后来我做到了，我觉得很骄傲。"

我："听起来跟你们描述的如何学习做侧手翻一样！它们都很难，你们需要很长时间才能做到。有时候，你们会感到沮丧，但是你们坚持了下去，直到做到为止。记住这种努力工作以及遇到困难时坚持不懈的感觉，这将有助于你今天的活动。今天，我们将使用金属丝做侧手翻的动作模型。这很难，但是你们已经知道如何使用金属丝塑型了，正如你们知道如何做侧手翻一样。"

我们花了几分钟时间去弄清楚使用金属丝进行创作的过程。女孩们决定将做侧手翻的各个步骤分配给不同的人，每个人创作一个作品。她们互相提醒，让画得最能反映侧手翻的某一步的孩子负责为那一步动作塑型。

接下来，我们研究了代表每一步动作的绘画作品，关注了我们想要用金属丝表达的一些细节。例如，应该如何放置手臂？腿是直的还是弯的？头应该转向哪里？躯干、手臂和腿之间有什么关系？

随后，每个孩子都各自截取一段金属丝，开始制作了。她们先对躯干部分的大致尺寸达成共识，然后每个孩子画了一个简单的轮廓图，在制作时参考。首先，孩子们把金属丝弯成躯干的形状；然后，在上面加上四肢（手脚伸出、弯曲和触地，就跟画上画的一样）。她们把金属丝弄弯，折出角，接着将一根金属丝与另一根金属丝连起来，用力扭动两根金属丝的末端，直到打出一个结实的结。

制作时，她们遇到了一些难题。

索菲娅努力让自己作品的各个部分比例协调，即让头的大小与躯干、四肢相匹配。她后来弄明白了，最好先用金属丝松松散散地做出一条胳膊或腿，然后跟作品剩下的部分比量一下，再调整胳膊或腿的大小，使它与剩下的部分比例相称，最后绷紧金属丝固定各个角度，并把末端拧好。

凯蒂想要弯出一个角，但由于用力过猛，导致弯出的角太尖，没有达到她想要的效果。于是，她放松手劲，减小力度，留意金属丝是怎样弯曲的，尽量适应金属丝的弹性和"意志"。

莱拉想把金属丝拧到另一根金属丝上，但是金属丝很硬，莱拉要用很大力气才能把两根金属丝拧到一起。原来，她并不认为每次都得用很大力气拧紧金属丝才能把四肢与躯体连起来。

在使用金属丝体现侧手翻过程的每一个动作时，孩子们要真正清楚每一个姿势的细节：胳膊举起来时怎样弯曲？怎样将脚牢牢地贴在地上？所以，运用三维艺术媒介进行制作活动，可以促进孩子们在三维空间中思考侧手翻的动作，仔细琢磨侧手翻的姿势、动作和肌肉运动等。

从另一个角度看问题

思考在长期研究过程中还可以怎样启发儿童从其他视角看问题：从里面看或从外面看；站在另一个人或者生物的视角看。转变视角，可以促进儿童的想象力和好奇心，激励他们重新审视自己曾经认为是对的事情。当儿童站在一个意想不到的角度看待某一想法或经历时，他们就能看到新的细节，发现新的可能。

重视研究中涉及的学习领域

虽然我们并不是为了达成既定的学习目标才制订计划，但是作为教师，我们还是会留意一些学习领域，如读写、数学、逻辑、生态学以及对社会正义的理解。我们关注儿童的认知、身体、关系以及情感学习，并且会在研究过程中寻找各种机会引发儿童在这些领域进行有意义、有目的的学习。

金属丝作品完成后，在瑜伽书的启发下，我们团队决定制作一本有关侧手翻的教学指导用书。

我们建议孩子们先去读读埃米莉带来的瑜伽书，跟着这本书做动作，了解如何使用这本书。于是，某天早晨，我们学习了书里面描述的瑜伽动作。在学的过程中，孩子们时而严肃认真，时而欢声笑语。我们先尝试只看插图不看文字说明，然后尝试只看文字说明不看插图。最后，我们将文字说明和插图结合起来看，并且发现这是使用瑜伽书的最佳方法。

阅读瑜伽书的经历促使孩子们讨论侧手翻的教学指导用书包括哪些内容。

索菲娅："侧手翻真的挺难的。开始时，你可以想怎么做就怎么做。我举起双臂，先抬起一条腿，接着抬起另一条腿，然后翻跟头。有时，我还会跑着做侧手翻。"

莱拉："开始做侧手翻时，你可以采取不同的方法。你可以一只手臂向上，一只手臂向下，一只脚向前，一只脚向后。这样做很重要，因为你必须集中精力。还有就是你要找到合适的位置，这样才不会撞到东西或别的小朋友。用你的眼睛去找一个合适的位置。"

凯蒂："开始之后，你只有一种方法可以用来完成侧手翻剩下的动作。"

塞西莉亚："在给这本书配文时，不能瞎编，必须把你所说的话一字不落地写下来。"

索菲娅："要有一些文字说明，不然你都不知道图片上的人在做什么。如果有文字说明，你就知道那个人在做什么了。"

塞西莉亚："这本书还应该包括照片、图画和金属丝的照片，每个要单独占一页。"

索菲娅："我们需要五页——每个人的侧手翻动作占一页。"

莱拉："还应该放上金属丝作品的照片，给每个金属丝作品配一张照片。"

塞西莉亚："哈蒂可以在一页纸上给她的作品写一些文字说明，配一些照片；凯蒂也可以；我、莱拉和索菲娅也可以。塑型的人可以做出文字说明。"

凯蒂："我希望由我们自己写下这些话。我们可以问老师先写哪个词，然后写下那个词；再问下一个词写什么，再写下来；之后，继续问下一个词。"

通过这次讨论,我们确定了接下来的课程。在接下来的几个星期里,孩子们实施了这个伟大的写作计划。她们每人负责撰写一章来描述侧手翻的动作步骤。她们翻看了原来的画,决定给每一步重新配上插图,并且各自独立完成这项工作。接下来,她们聚在一起精心打磨每一步的说明文字。她们回顾、微调了之前的用语,精准描述了动作细节、呼吸、注意力的情况等。最后,每个女孩都逐一到我和埃米莉身边把这些文字说明打印了出来。这项工作需要细心、专注,孩子们都完成得很好。

哈蒂负责撰写第一章,即侧手翻动作的第一步。首先,她画了蓄势待发的身体、强壮的双腿和伸展的手臂。然后,她写道:"这是侧手翻的第一步。双臂向上伸直,双腿向下。确保你的脚在空中时是分开的。头看着地面,深呼吸,给自己更多的力量。"

哈蒂的字

哈蒂一边写一边谈着自己写这些文字的感受:"K是我非常喜欢的一个字母——喜欢它的样子。它的形状很容易被记住。""我刚刚画的那个点就像一个戴着高高帽子的人正在抬头看。""哦,字母E上的那条线太短了!

我在想什么呀！""这里肯定有很多 T！""我写名字时，有时会把字母写得越来越小，就像台阶一样。但写这个时，我不能这样做，因为这是一项很重要的工作。"

凯蒂负责撰写第二章，即侧手翻动作的第二步。她写道："翻转身体。手几乎要碰到地面了，但仍在半空中，因为你是往侧面弯腰的。一只脚要紧贴地面，以免摔倒。"

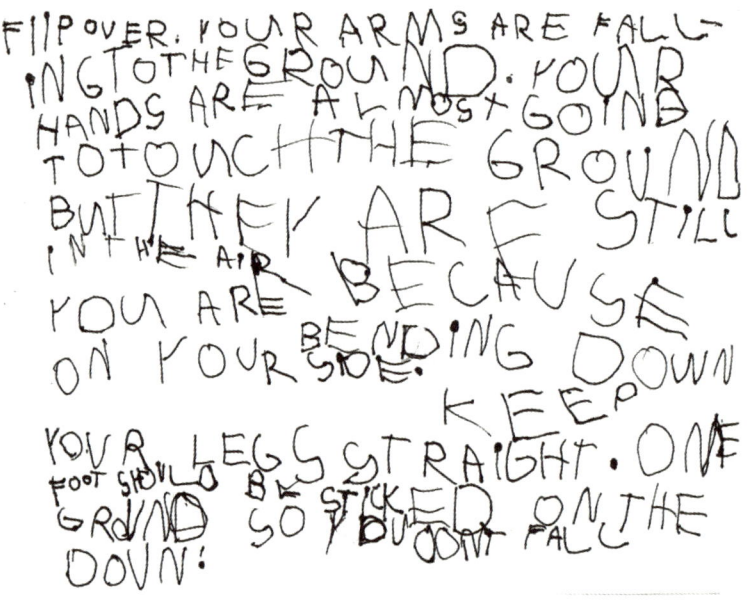

凯蒂的字

塞西莉亚负责撰写第三章，即侧手翻动作的第三步——"倒立"。她写道："往侧面弯腰，把身体倒过来。当头几乎要碰到地面时，身体就倒过来了。手臂伸直支撑身体，腿向上伸直。此时，你的眼睛看到的东西也是上下颠倒的。"

WHEN YOU BEND SIDE
WAYS GO UPSIDE DOWN.
WHEN YOUR HEAD IS ALMOST
TOUCHING THE GROUND
YOU ARE UPSIDE DOWN.
YOUR ARMS ARE STRAIGHT
HOLDING YOURSELF UP. POINT
YOUR LEGS STRAIGHT UP. YOUR
EYES ARE LOOKING
UPSIDE DOWN.

塞西莉亚的字

塞西莉亚一边写一边跟我们聊她的感受:"我擅长写 C,因为它是我名字里的第一个字母。我还很擅长写 G,因为它有点像 C,但是它多了一条线。""S 呢? 有很多 S。""嘿,这个单词(Look)和'BOOK'很像,但是它前面是 L 而不是 B。"

莱拉负责撰写第四章,即侧手翻动作的第四步——脚落回到地面。她写道:"手放在地上,弯曲身体,脚逐渐着地,头向上抬起。"

莱拉的字

莱拉一边写一边调皮地建议说:"假设美术室就是我们的教室,埃米莉和安是老师,我们是一年级的学生。"

　　索菲娅负责撰写第五章,即侧手翻动作的第五步也是最后一步。她画的线描画捕捉到了孩子们做完侧手翻后的自豪感:双脚稳稳地踩在地上,双臂伸展,脸上洋溢着喜悦之情。

　　索菲娅写道:"这是结束侧手翻时的动作。双脚着地,双腿笔直站立,手臂笔直向上抬起。眼睛直视前方,而不是左顾右盼。"

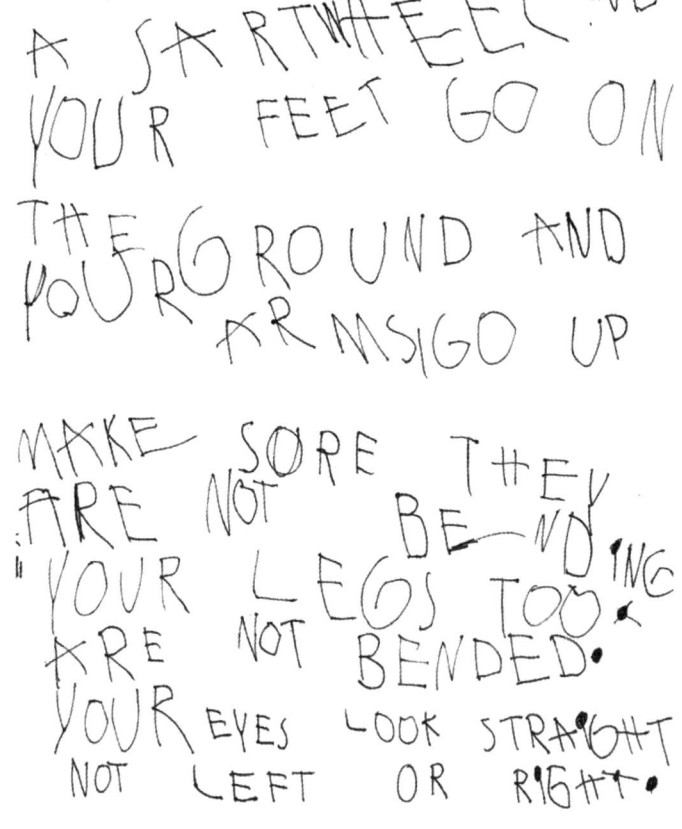

索菲娅的字

在研究过程中与全班儿童互动

在小组儿童进行研究时，要求他们与全班儿童一起分享他们的发现和问题。向他人讲述的过程，有助于儿童巩固自己的理解。当没有参与研究的儿童提出意见和问题时，小组儿童就能运用新方法思考自己的工作，探索新的问题，并尝试运用新的策略。

在孩子们制作有关侧手翻的教学指导用书时，我和埃米莉与同事讨论了如何继续扩展她们的思维。经过这么长时间的研究，包括绘画、金属丝塑型、口头描述和书面表达，凯蒂、塞西莉亚、莱拉、索菲娅和哈蒂对于如何做侧手翻已经相当自信了。她们说话时自信满满，并且似乎已经达成共识。但是，作为老师，我们想知道还应该做些什么来让她们注意到自己思维和交流中的盲点。我们想，一种有用的做法是让这些女孩从内行的视角里跳出来，向那些不擅长做侧手翻动作或者不是一门心思做侧手翻的人了解他们对这些绘画、塑型作品和书的看法。因此，我们决定邀请其他孩子加入这个小组，让他们审阅女孩们制作的图书并给予反馈。

当我们和这五个女孩第二次见面时，我们把这个想法告诉了她们："人们在把写好的书送到书店和图书馆之前，会邀请一些人先读一读，并请他们讲讲书中的文字和思想是否表达得足够清楚，是否有遗漏的地方。我和埃米莉认为，这种做法对于你们撰写侧手翻教学指导用书也很有帮助。在完成这本书之前，你们可以邀请几个小伙伴先读一遍，这样可以确保书里的内容清晰明确。"

"我们认为，玛丽亚和亨利能帮上忙。玛丽亚正在反复练习侧手翻动作，她或许会给我们提供一些好主意。亨利很愿意学习侧手翻，但他还没有开始学。读了这本书后，他能知道书中的文字和图片对于他学习侧手翻有没有用。"

莱拉："他们可能会说，'我真的不明白你写的东西是什么意思。'"

索菲娅："那么，我们可以用另一种方式来讲述。"

埃米莉老师："没错！如果你们同意这个点子，我们就邀请玛丽亚和亨利加入我们。"

孩子们齐声说："好的，好的！""我们同意！"于是，我们去了隔壁教室，把亨利和玛丽亚带到我们的美术室。

一看到亨利和玛丽亚，这五个女孩就向他们发出了邀请。

塞西莉亚："我们邀请你们来是因为玛丽亚知道怎么做侧手翻，亨利想学习侧手翻。"

索菲娅："你们能帮助我们了解这本书。"

塞西莉亚："玛丽亚和亨利，如果你们觉得书中的话不合适，你们可以告诉我们，我们会修改。"

玛丽亚和亨利答应承担这项工作，于是，女孩们开始让他们俩通读这本书。她们一章一章地给玛丽亚和亨利看了书中的画和金属丝塑型作品的照片，玛丽亚和亨利郑重地做出回应，他们根据所看到的画和照片做出相应的动作。之后，埃米莉为他们阅读了每一章的文字说明，玛丽亚和亨利根据文字说明不断调整自己的身体姿势。时不时地，女孩们还会给他俩做进一步指导或纠正他俩。我和埃米莉提醒她们，"也许，你们应该把这些内容放在书里"或者"记住玛丽亚和亨利在哪些地方需要更多的指导，我们可以把这些内容添加到书里"。

审阅图书的过程似乎回避了侧手翻动作的动态性和连续性。玛丽亚和亨利当然可以复制每章呈现的单个动作，但是，他们能把这些动作流畅地连到一起，做一个真正的侧手翻吗？最后，我们要求玛丽亚和亨利尝试做一个完整的侧手翻。结果，玛丽亚潇洒地做了一个侧手翻，亨利则大笑着摔在地上。对这五个女孩来说，他们两人能做到这样已经非常好了。她们称赞玛丽亚学得很快，同时向亨利强调只要多加练习和继续研究这本书，他一定能掌握侧手翻的动作要领。之后，她们向他俩表达谢意，把他们送回教室，然后在美术室里花了一上午的时间改进她们的书。

引导儿童反思他们的学习过程

在长期研究中进行的学习是复杂的和多层次的。首先,学科知识肯定会获得增长。其次,认知能力会得到提升,例如,问一些有用的问题;提出假设或做出预测,并验证假设或预测;推理,或者追踪某一问题(发现)的含义;分析想法,检验证据,探索不同的视角,思考相互之间的联系。

除了这种认知上的学习,长期研究还培养了儿童的自我意识、同理心以及谦虚、客观的态度。它激励儿童发挥想象力、大胆思考,要求儿童面对情感和关系处理上出现的问题,也要求他们既坚持不懈又要适当变通。

在长期研究期间,教师应定期引导儿童关注他们对自己有了哪些了解,对同伴有了哪些了解,以及对研究的问题有了哪些了解。把你所做的观察记录拿出来分享,让大家也能看到儿童是如何逐渐成长为思想家、沟通者、合作者和创新者的。

当完成侧手翻的书并准备装订时,我、埃米莉和孩子们再次在美术室里见面,统观我们对侧手翻的教与学有哪些了解。我们把书中各页摊在地板上,然后退后一步,饱览上面的内容。

凯蒂:"因为有很多东西要讲,所以必须要分成一章一章,导致这本书有很多页。"

塞西莉亚:"第一次关于侧手翻的会议很简单。"

哈蒂:"那次会议没有什么难的工作。"

塞西莉亚:"做侧手翻有点难。你做侧手翻时,埃米莉和安给你拍照。你可以画出第一部分,然后是第二部分,之后再画出所有部分。"

哈蒂:"我记得当时我们在电脑上看我们做侧手翻照片时的场景。"

凯蒂:"我们每天都在外面做很多次侧手翻。紧接着,我们又做了很重要的工作,例如,写一本书,用闪亮的纸作为封面,并在上面写上作者信息。"

塞西莉亚:"你如果感到很沮丧,就可以重新开始。"

索菲娅:"有一个侧手翻团队很重要,因为你必须仔细听,也必须知道你在写什么;否则,别人不知道你在说什么。"

凯蒂:"图片对书很重要,读者可以借助图片弄明白书上的文字是什么意思,了解到底怎么做侧手翻。"

通过对比孩子们最初的绘画作品和最终的绘画作品,我们可以捕捉到他们对于身体的了解和在表达能力上的变化。注意最终的绘画作品是如何被简化的(例如,没有花哨的衣服,用线条代替了三维图像),以及如何更清晰地表达儿童的想法。注意头发的变化!

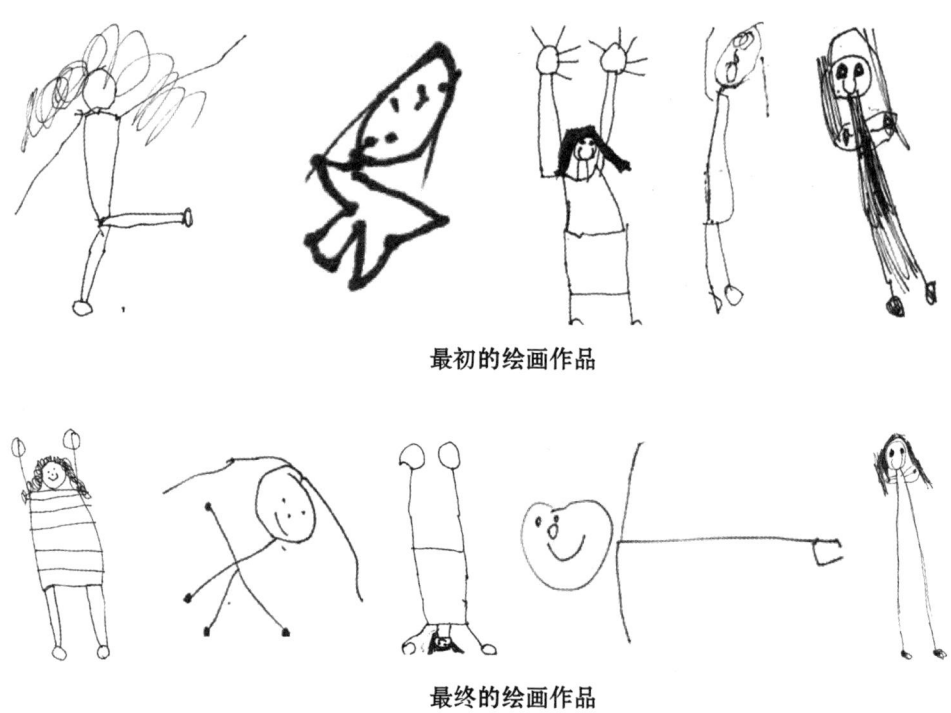

最初的绘画作品

最终的绘画作品

这些基本原则可以指导教师带领儿童一起开展深入、长期的研究。开展研究时,我们必须将研究建立在认真关注儿童的想法和问题的基础上,细心观察，稳步推进研究和计划。随着时间的推移，长期探索将逐步展开。

洛里斯·马拉古齐是瑞吉欧·艾米利亚幼儿教育体系的创始人之一，他说："创造力要求认知派系与表达派系之间建立联系，为孩子们的一百种语言打开大门……在培养孩子们的创造力方面，我们的任务是帮助他们登上他们的顶峰"（1998，77）。长期研究激励儿童登上他们创造力的顶峰，也要求教师去攀登属于自己的高山。我们和孩子们一起开展的有关认知与表达、想象与实验、推理与梦想的探究活动促使我们将人类能力发挥到极致。

第 8 章　关于树叶的长期研究

这是一项关于树叶的深度研究活动，研究小组成员包括四名儿童、他们的老师以及我本人。整个研究活动持续了 7 个月，其间我们将艺术作为学习的语言，探索树叶从色彩斑斓的秋天到荒凉落寞的冬天再到百花盛开、生机勃勃的春天的变化过程。

本章的目的不是让你照本宣科，在自己的教室里也开展这个研究，而是阐述如何将儿童的疑问发展成长期研究。

为什么树叶会变色

10 月初，4 岁的马德琳问妈妈："为什么树叶会变色？"马德琳的妈妈把问题告诉老师，希望老师能帮她回答。几位老师讨论后决定不给马德琳提供科普读物来获得答案，而是以马德琳的疑问为出发点，引导孩子们开展一个长期的研究活动。几位教师和我一起初步计划了如何开展这个研究。我们希望通过这个研究来培养儿童的探究精神和探究技能，即提出问题、形成假设、验证假设、探索各种观点，而不是教给儿童一些关于树叶的科学知识（原则：基于儿童游戏中潜在的问题及想法展开研究）。

桑德拉、梅甘、弗林特三位教师和我一起开会，讨论让哪些儿童参与研究以及怎样的研究适合儿童。我们不知道研究期间要做什么，只能走一步看一步，根据研究活动中出现的想法和问题一步步推进。但是，我们希望在这个研究中，儿童能进行大量的批判性假设并清晰地表达出来，能认真地观察和记录。接下来的问题就是，哪些儿童会对马德琳的问题感兴趣？在这些儿童中，谁有能力进行长期研究？谁准备好了与同伴合作？因为研究过程中很可能会出现一些冲突和争论。除此之外，我们还要考虑如何在研究中融入各种技能和观点。最终，我们选定四名儿童，他们是：作为本研究发起者的马德琳，擅长具象画且准备好与同伴进行合作的安娜，沉着稳重、适合担任领导并能轻松地处理同伴间冲突的亚历克斯，擅长运动并精通三维立体表征的贝克（原则：以小组为单位，聚焦一项研究）。

画 树 叶

当这四个孩子第一次聚在一起时，我和桑德拉把马德琳的问题告诉他们，并解释说："我们认为，你们四个小伙伴在一起一定能想出好办法来搞明白树叶为什么会变色。你们每个人都既是科学家，又是艺术家。我们希望你们组成一个强大的团队来研究马德琳的问题。"听了这些话，孩子们立刻开始分享有关秋天树叶的想法和故事，例如，在公园里爬树时注意到了颜色鲜艳的树叶；周末在家里耙树叶并跳到树叶堆上；发现空气变得清新凉爽，阳光也不一样了，雨水也多了。

我和桑德拉把事先已经准备好的一大堆树叶带过来，有红色的、金黄色的、橙色的、绿色的和褐色的。桑德拉指着树叶说："有一点很重要，就是在研究树叶为什么会变颜色之前，要真正认识树叶。所以我给大家拿了一些树叶，大家靠近一点观察，这样我们才能了解树叶。"

就这样，我们以团队的形式开始了研究。

孩子们分别用肉眼和放大镜研究了树叶。在研究时，我们将注意力聚焦于所看到的事物，并开始假设树叶为什么会发生如此神奇的变化。

贝克："这片树叶几乎全部是橙色的，只有一点点绿。绿色是它原来的颜色，橙色是它现在的颜色。"

亚历克斯："我的树叶上有线。"

我："你觉得，树叶上为什么会有线呢？"

亚历克斯："白色的线把树叶聚拢在一起。"

安娜："是的，有了这些线才会有颜色。"

贝克："褐色树叶先变色，绿色树叶后变色。绿色树叶变得慢，褐色树叶变得快。"

我："为什么会这样呢？"

贝克："因为小树叶比大树叶变得快。"

我："为什么小树叶比大树叶变得快？"

贝克："因为大树叶占的空间大，空间大就变得慢。"

孩子们花了很长时间仔细研究，他们看、摸、闻树叶，逐渐了解了树叶的轮廓、颜色、形状和纹理。最后，我建议孩子们从这些树叶中选择一片画出来。

我们画一画树叶吧，这样就能发现树叶上的很多小细节了。

首先，可以用黑色画笔画树叶的形状和线条，然后用水彩给画上色。通过这幅画，你可以跟别人分享你在这片树叶上看到了什么。

我和桑德拉提供了黑色画笔和水彩画颜料，引导儿童关注树叶的形状和颜色特点。画的过程中，儿童看得非常仔细，边看边把捕捉到的内容一点点画出来，最终画出一幅线描画。接着，他们用水彩颜料给画上色。上色的时候，他们注意到一种颜色是怎样与另一种颜色融合并被取代的。我们希望通过运用这些艺术媒介明确孩子们是如何看待树叶的（原则：研究的问题要与艺术媒介相匹配）。

在社区进行研究

一周后，小组成员再一次聚在一起。在这一周，我和桑德拉一起制订了下一步活动计划。我们阅读了我们在孩子们描述树叶时所做的记录。孩子们的一些评论引起了我们的注意，例如，孩子们对树叶叶脉的关注、对叶脉作用的理解以及贝克关于小树叶比大树叶颜色变得快的观点。每一个都为我们开展下一步研究提供了线索。

在决定如何开展下一步研究之前，我们还分析了孩子们的树叶画。他们对色彩的巧妙运用引起了我们的注意。他们捕捉到色彩在树叶上的变化轨迹，即绿色消失后，橙色、黄色、褐色才会出现。因此，没有一幅树叶画是纯色的，每一幅画都运用了深浅明暗不同的色度，或者突然从一种色调过渡到另一种色调，颜色的变化因此被展现得如此淋漓尽致。同时，这些画还让我特别关注贝克所提出的假设。于是，我们决定在下一步探索颜色变化的过程，把孩子们提出的树叶结构问题暂时放一边。

当我们和这些孩子再次碰面时，我们看了他们上次画的画，回顾了之前的讨论内容。"上次碰面时，我们思考了树叶如何变色，"我对孩子们说，"贝克提出小树叶比大树叶先变色。所以，老师很想和你们一起再次讨论这个问题。我们觉得我们应该去社区里走一走，看一看树叶到底是如何变色的"（原则：经常重新审视和调整之前的想法；从另一个角度看问题）。

于是，我们所有人都裹得严严实实，走到外面去。确实是秋天了，天气凉爽，阳光苍白、透亮。走到社区时，我们提醒孩子们注意观察树上的细节。我们发现了树叶和大树颜色的变化规律：树叶的边缘已经变成红色、金黄色和黄色，但是树叶的中间仍然是绿色的；外圈的树枝比中间的树枝先变色。这些发现出乎我们的意料。于是，我们赶忙回到美术室，想弄清楚刚刚的发现。

贝克重申之前的观点："小树叶比大树叶先变颜色，小树比大树变化得快。"

安娜："是的，它们就是要小一些。"

亚历克斯巧妙地指出其中的细微差别："是的，因为它们比较小，小树叶占的地方比大树叶的小。大树叶不会这么快全部变颜色。"

我："我想知道，为什么树叶边缘要比中间先变色？"

贝克联想到树叶的结构，补充道："树叶的皮肤变得更快一些。如果把它的皮肤去掉，就能看到它的骨头了。"

讨论期间，孩子们逐渐把观察到的颜色变化规律整合成一套理论，解释树叶为什么会在秋天变色。讨论中，我和桑德拉时不时停下来，要求他们画一画树叶是怎样变色的。我们想通过这种方式让他们把自己的想法表达出来，也让他们看到自己和小伙伴都是怎么想的。

在把自己的观点画出来后，孩子们互相展示各自的绘画作品，并指出图画中代表自己观点的元素。

贝克的观点充满动感："颜色从天上来，从云彩里来。云彩里的颜色用力推云彩，跑到云彩外面，一直不断地往下走啊走，走啊走。如果树叶正好挂在树上，那么颜色就会落在树叶的边缘并很快跑过整片树叶。不过，这种情况只发生在树叶被挂起来的时候。"

亚历克斯用诗一般的语言提出自己的理论："秋天刚来的时候，树叶都是绿的。慢慢地，树叶边上开始一点点变色。颜色沿着树叶开始慢慢移动，最后蹑手蹑脚地移到树叶中间。"

安娜指出："神秘的人物带来一种特殊的颜料，然后在树叶上放了一点点。"

马德琳根据观察认为："颜色从树上来，但我不知道是怎样来的。"

在分享各自的理论时，孩子们也会互相提出质疑。

亚历克斯："贝克，如果颜色从天上来，那么它就会滴到树叶上，然后再滴到草上。但是，我没看到草上有这种颜色呀。"

安娜："如果颜色是从云里来的，那云彩就不会是白色的。"

亚历克斯："不，云彩可以一直是白色的，因为颜色走得特别快，可以很快滴下来——快速移动！它移动得太快了，你根本看不到。"

安娜："我不这样认为。如果有颜色滴下来，我应该能感觉到。但之前我走到云彩下面时，并没感觉到颜色滴到我身上。"

贝克："云彩里的颜色是从上帝那儿来的。安娜，跟你说的一样。"

孩子们根据同伴们提出的种种疑问，重新审视自己的想法。这一过程表明他们已经能够综合各自观点来形成共同理解（原则：从个人探索转向合作研究）。

在亚历克斯的理论中，他已经明确将树叶颜色的变化与季节联系起来。我想引导大家重点关注他的理论，在秋天开展研究。

我："亚历克斯，你说树叶在秋天变色。我对这个很好奇。想一想，关于秋天我们都了解什么，这可能会帮助我们理解为什么树叶在秋天变色。"

亚历克斯："秋天的时候，树都光秃秃的，因为树叶落下来了，树叶就是树的衣服。"

马德琳："秋天很冷。夏天可以穿短裤，但秋天要穿长袖。"

安娜："秋天多云，总下雨。"

亚历克斯："秋天有暴风雨、阴云，还有大雨。"

我:"所以,秋天很冷、多云、有雨。这些与树叶的颜色变化有关系吗?"

安娜:"树叶身上发生了很多事情,所以它们会变颜色,它们得让自己感觉舒服些。天冷了,上帝给它们穿上了外套。"

亚历克斯:"我不这么认为。颜色没做任何事情,它只是把树叶装饰了一下,让它们更漂亮。"

我:"我被你们弄糊涂了。亚历克斯,你说树在秋天把'衣服'脱掉了。但是,安娜说颜色就是树叶的衣服。我很纳闷,是树叶穿上了衣服,还是树变得光秃秃了?"

安娜:"树叶在地上挤在一起就暖和了。"

尽管悬念没有解决,但是我们必须停下了,因为我们已经尽可能地延迟了午饭时间。午饭早准备好了,我们也都饿了,所以尽管讨论很热烈,但今天到此为止。

树叶的结构:绘画活动

上次开会之后,我和桑德拉又研究了我们所记录的孩子们的各种想法。我们和教学团队中的其他老师一起讨论,我们下一步要怎样做才能激发孩子们继续深化有关树叶变化的理论。其中,一位教师在反思了孩子们对树叶叶脉的兴趣后提出,人手的骨骼结构与树叶的结构有相似之处。他的话让我们回想起贝克最初的观点,即颜色就像是长在树叶骨骼上的皮肤。手和树叶之间、人体解剖学和树叶解剖学之间的这种联系,引起了我们的研究兴趣。我们对这种联系很好奇,于是,我们决定和孩子们一起探索(原则:从另一个角度看问题)。

再一次和孩子们碰面时,我和桑德拉带了放大镜和一些简单的手部骨骼照片。孩子们把照片和树叶放在一起比较,很快就发现了它们之间的联系。

亚历克斯："树叶上的线像人的骨骼，它们跟人的骨骼一样坚硬。"

安娜："树叶的某些部分像手指。"

贝克："像人的骨骼一样——有了骨骼，树叶才能挂在树上。"

我建议孩子们用油画棒把树叶描摹下来，这样就可以把叶脉看得更清楚了。同时，油画棒也为我们提供了观察树叶骨骼的新方法（原则：研究的问题要与艺术媒介相匹配）。

我没期望孩子们接下来会有突飞猛进的变化。贝克画完树叶结构后，开始画他的手部骨骼图。他将手背放在一张纸上，用油画棒勾画出手的轮廓。其他儿童在他的带领下，也勾画出手的轮廓图。显然，他们发现了手的骨骼与树叶结构之间的联系。

接着，我和桑德拉邀请孩子们用黑色画笔来画出树叶结构的草图，要求他们一边仔细观察一边认真绘画。

> 我们看一看，画一画，再看一看，画一画，这样就可以画出树叶结构的草图了。这样做让我们找到了另外一种观察树叶结构的方式。

这些简单的黑色线条画进一步凸显了树叶的结构。尽管孩子们之前已经用黑色画笔画过树叶，但这些画与原来的画大不相同。孩子们之前画的线条画强调树叶的基本形状和结构，重点关注树叶的色彩而不是内部结构。而此次绘画，他们重点关注树叶的内部结构细节。孩子们从仔细研究树叶的颜色转变为关注树叶结构的复杂性（原则：研究的问题与艺术媒介相匹配）。

还有一点就是，孩子们又增加了一个探究的层面，即亚历克斯建议把他们手上的线画出来！这一点虽然并不令人惊讶，但足以让我们兴奋。

贝克的树叶

贝克的手

马德琳的树叶

马德琳的手

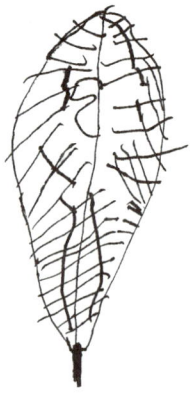

亚历克斯的树叶

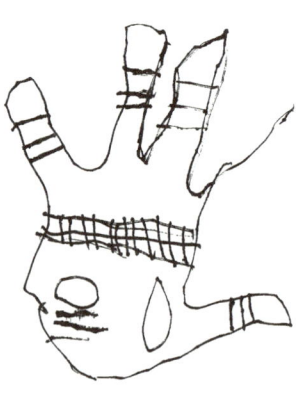

亚历克斯的手

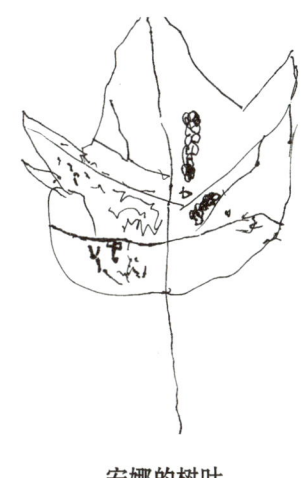

安娜的树叶

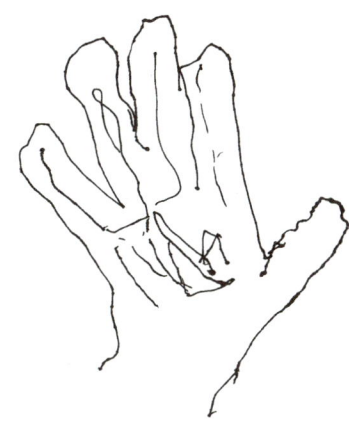

安娜的手

树叶的结构：黏土拓印活动

要进一步推进关于树叶结构要素——纹理的研究，我们需要有纹理的艺术媒介。于是，我们选择了黏土。

我们邀请儿童用黏土制作黏土砖。首先揉压黏土，然后把它的表面拍平，接着用擀面杖把树叶压进软软的黏土砖里，最后再慢慢地、小心翼翼地把树叶从黏土中取出，这样黏土砖里就有树叶的印记了，像化石一样。

这项工作既让孩子们期盼万分，又让他们激动不已。在黏土上拓印树叶，让我们重新回顾了先前用油画棒勾画和用画笔画树叶结构的工作（原则：经常重新审视和调整之前的想法），引导我们从另一个角度观察树叶的结构。黏土中的线条清晰、明确，而且没有任何颜色来分散儿童的注意力（原则：研究的问题要与艺术媒介相匹配）。

树叶的结构：金属丝

接下来，我们运用金属丝来探索树叶的结构。金属丝可以细致地模仿出树叶上的纤细纹路。就像黏土可以拓印树叶一样，运用金属丝也可以表现树叶的结构（原则：研究的问题要与艺术媒介相匹配）。

我和桑德拉把儿童之前画的黑色线描画拿出来，供他们参照。他们在制作时除了参照线描画，还参照了真正的树叶。他们首先用金属丝做出树叶的轮廓形状，然后在里面添加了错综复杂的线条。"看一下，弯一下，再看一下，再弯一下。"亚历克斯嘀咕着，这些话与他们之前画黑色线描画时说过的"看一看，画一画"的口诀类似。

在孩子们制作完之后，我和桑德拉将他们的金属丝作品悬挂在一根漂亮的、没有树叶的树枝上，这根树枝是我们之前在社区里发现并带回教室

的。我们以团队而非个人的形式展示作品，目的是强调这项活动是儿童共同完成的（原则：从个人探索转向合作研究）。

树叶的情感

最初进行研究时，我们把注意力都集中在马德琳提出的"树叶为什么会变色"的问题上，并没有预想到叶脉的重要性。当我和桑德拉反思儿童的树叶结构探索活动时，我们翻看了先前的记录，再次阅读了孩子们对于叶脉的各种评论，例如，"叶脉支撑树叶成为一个整体""如果没有叶脉，树叶可能就会变成小碎屑"。我们重新审视了贝克的观点，他认为颜色是树叶的外衣，像覆盖在骨骼外面的皮肤。这种观点让我们转了一圈重新回到最初研究的问题。

我们发现，在研究树叶的颜色为什么会发生变化之前，孩子们对树叶皮肤和骨骼的深入了解至关重要。创作树叶画让孩子们了解了树叶的皮肤；描摹、拓印和塑型让他们了解了树叶的结构。我们反思后认识到：在研究为什么之前，先了解是什么，这一点非常重要。

那么，在继续研究树叶的颜色为什么会发生神奇的变化之前，树叶还有哪些特性需要儿童了解呢？我们想起了安娜在之前的研究中提出的观点："树叶身上发生了很多事情，所以它们会变颜色，它们得让自己感觉舒服些。"于是，我们决定顺着安娜的这条线索和孩子们一起研究树叶的情感：当树叶变颜色时，它们会有什么样的感觉？

我："我想知道，树叶在秋天时会有什么样的感觉。"

马德琳："树叶枯萎的时候，它们会很伤心。"

安娜："当其他人伤心的时候，我们会安慰他们。同样，植物也需要得到一些安慰。我伤心的时候，很想有人来拥抱我一下；我受伤的时候，很想要一个冰袋。"

马德琳："我想拥抱树叶，和树叶在一起，但是冰袋不行。"

安娜："你可以和它在一起，在它枯萎之前安慰它。"

马德琳："树叶掉在地上的时候，会很悲伤。这时候，它很需要你。"

受安娜最初提出的"树叶需要安慰"的想法启发，在这次聚会上我带来一首由 E. E. 卡明斯（E. E. Cummings）写的诗。我大声朗读了这首诗的一部分内容：

> 是谁在绿色的树林里找到了你？
> 你离开那里感到很伤心吗？
> 我会安慰你。
> 你闻起来是如此的香甜！
> ……
> 我会亲吻你冰凉的树皮，

> 将你紧紧拥抱，
> 就像你的妈妈一样，
> 所以请别再害怕。

孩子们针对颜色突变给树叶带来的感受所展开的对话，激发他们进一步探讨死亡的话题，尽管这个话题听起来有些苦涩。

我："你们谈到，树叶从树上掉下来就死了。能再说说它为什么会死吗？"

安娜："因为天很冷，下雨很脏。"

马德琳："但是雨可以帮助树叶一点点长大。树叶变得越来越老，它是自己死的。"

我："为什么树叶是在秋天死掉，而不是在春天和夏天？"

马德琳："因为夏天的时候它们待在上面，冬天落下来了。天冷的时候，它们会落下来，黑暗的时候也会落下来。它们躺在地上，颜色逐渐变绿。然后，它们长啊长，到早晨的时候，又回到树枝上。一棵植物或一片树叶死了，然后你给它浇水，它就长大了。接着，树叶又开始变绿，人们再把树叶放回去。"

安娜："雪融化的时候，大自然妈妈会在半夜出现，把树叶放回到树枝上。"

马德琳："当所有树叶都落下来时，树上就会长出新树叶。"

我："你们谈了老树叶死后，树上如何长出新树叶。能把你们的想法画出来吗？这样，我们就能看到了。"

安娜："让我们来讲一个故事吧。"

树叶的生命周期

安娜的提议让我们转向一种新的艺术形式——故事和诗歌。安娜、贝克、马德琳以及亚历克斯一起创编了一个关于树叶的生命周期的故事（原则：从个人探索转向合作研究；重视研究中涉及的学习领域）。故事是这样的：

> 从前，安娜、贝克、马德琳和亚历克斯一直在寻找枯死的树叶。很快，他们发现了一片，于是找来泥土和水，给树叶浇水，然后把它放进泥土里，等它长大。他们把水倒在上面就离开了，等着看会发生什么。他们看到一片枯死的树叶，第二天，他们继续看它如何长大。它长到天花板上，然后他们把它拿出去，一起把它重新放到树上。

尽管贝克热心地帮忙创编这个故事，但是他并不相信安娜和马德琳的理论。她俩认为，褐色的枯萎树叶可以通过浇水重新活过来，变得有生命力，绿色的树叶会重新回到树上。贝克的怀疑精神激励他开启了一个新的探究项目，他对大家说："我们试试看，它是不是真的会发生？我们可以把枯萎的树叶放到水里，看它会不会变绿？"于是，我们急忙跑到外面捡了一些褐色的落叶。然后，回到美术室，把树叶放到一小瓶水里。安娜写了个小纸条，提醒小组里的其他孩子关注我们的实验。纸条上写着："我们正在做实验"（原则：从个人探索转向合作研究；重视研究中涉及的学习领域）。

第二天，我们把这瓶树叶带到班级的晨会上，给全班孩子看。研究小组成员向其他孩子解释了这个实验，并且把装树叶的瓶子传给大家看（原则：在研究过程中与全班儿童互动）。在全班讨论的过程中，其他孩子又提出了一些新的问题：大自然妈妈是谁？她怎么了解一个社区所有的树叶，甚至整个地球的树叶呢？对枯死的树叶来说，水龙头里的水能起到和雨水一样的作用吗？需要花多长时间？如果真变绿了，那么谁能把树叶重新挂到树上？树叶必须回到它原先的那棵树上吗？研究小组成员知道树叶是从哪棵树上落下来的吗？

亚历克斯、马德琳、贝克和安娜大部分时候都安静地倾听着，没有回答这些问题。我把这些问题记录下来，以便日后可以重新审视它们。让我激动的是，这些问题有可能激发孩子们进一步思考。晨会结束，我们把装树叶的瓶子和记录本放在美术室的窗台上，允许孩子们每天看一看树叶，观察它们有没有变绿。

我们正在做实验

每天，树叶研究小组都去检查瓶子里的树叶。但到了周末，树叶还是没有变绿。于是，小组成员聚到一起，评价目前实验的进程。

马德琳："树叶有点变浅、变黑了。我们需要给它们换水了。"

安娜："树叶确实变浅了。"

马德琳："也许还要再等十多天，到那时再看它有没有变绿。"

安娜："可能需要更多时间，要一直等到夏天或春天。"

亚历克斯："也许需要新鲜的水和阳光。"

马德琳："也许树叶要一直在水里待到春天或夏天，到那时我们才能看到它们有没有变绿。"

孩子们关注到了树叶四季循环变化的问题，尽管他们的想法尚不十分清楚，但他们已经开始将研究与季节联系起来，假设树叶要到春天或夏天才会变绿。这一点有助于我们选择、确定探究的进程。

贝克："我们必须等到春天。"

我："我们要一直注意观察这个实验中的树叶和树枝，可以一直观察到春天。如果你看到树枝或树叶有变化，那么请立刻告诉小组里的其他人！"

亚历克斯："只要我看到树上长出树叶的小嫩芽，我就会告诉大家！"

马德琳："我们每天都要检查瓶子里的树叶。"

安娜："我会在早上和晚上来检查。"

通过节日聚会保持小组成员之间的联系

还要几个月才到春天,所以离下次小组聚会还有很长一段时间。于是,在1月下旬,我和桑德拉把小组成员召集到一起,举行了一次节日聚会。我们给孩子们提供了新的艺术材料——饼干和糖霜——供他们探索。

我们重新回顾了秋天时做的工作,浏览了当时为探究活动所做的日志。日志里的照片、绘画作品和笔记引发了孩子们的热烈讨论,他们讨论了他们最初的想法是怎样发展的以及新的想法是怎样产生的(原则:引导儿童反思他们的学习过程)。桑德拉拿出孩子们之前给树叶画的水彩画来引入今天的活动:"这些是你们之前画的,今天我们要创作更多的树叶画。但是,我们不用纸或颜料,而是使用糖霜,把它涂抹在我给大家制作的饼干上。"

孩子们听了,惊讶了好一会儿没说话。之后,他们高兴地叫喊起来,又蹦又跳的。饼干和糖霜是他们期待已久的艺术材料。

我们围着桌子为每个孩子布置工作区，并为他们提供了：一张蜡纸；分别盛着红色、黄色、橙色、绿色以及褐色糖霜的小碗，且每个碗里有一把小刀；孩子们画的树叶画被放在透明的塑料展示台上。我们把饼干放在桌子中央的托盘里。孩子们跳到桌前，静下心来专注地操作。他们一边观察画，一边往饼干上撒糖霜：看一看，撒一点糖霜，再看一看，再撒一点糖霜（原则：经常重新审视和调整之前的想法）。被撒了糖霜的饼干颜色鲜明，细节丰富，像精心烧制的陶瓷制品一样。

清理工作也是令人快乐的：把勺子舔干净，把各种颜色的糖霜搅拌到一起成一个彩色的旋涡，再沿着水管把它们冲洗掉，最后是洗碗。之后，我们把饼干带到教室，在介绍了实验的情况后，请全班孩子一起分享（原则：在研究过程中与全班儿童互动）。

研 究 春 天

春天到了，树上长出嫩芽，鲜花铺满大地。三月初的一个早晨，亚历克斯高兴地跑进教室，说："我看见我家的树上长出一片嫩嫩、小小的叶子，我想，我们的研究小组成员该再次聚会了！"

那天上午晚些时候，我、马德琳、安娜、贝克、亚历克斯和桑德拉穿上外套，向外面走去。我们沿着秋天探究树叶时的路线穿过社区。现在，我们的感官被盛开的鲜花、淡绿的嫩芽以及春天的气息吸引住了。

马德琳："我想它们不会一直这样，会长出更多的树叶。"

安娜："我也是这样想的。我记得到了夏天的时候，树上会长出很多树叶，而且都是绿色的。树叶可能是在春天变绿的。"

贝克："到了秋天，树叶就变成红色和橙色了。"

亚历克斯："然后，它们就死了。"

几句简单的交流，足以表明孩子们对树叶生命周期节律的理解越来越清晰了。同时，他们对树叶为什么会变色的问题，也开始逐渐达成共识。

贝克在长满粉色嫩芽的树枝旁徘徊了片刻。他围着嫩芽和它周围的小叶子看了又看，然后把树枝拉到脸前，弯腰查看树枝的下面，并用手指摸了摸树枝。此外，他还研究了小树周围的地面，戳了戳地面的落叶。在静静观察了几分钟后，他大声喊道："现在，我知道树叶是怎样跑到树枝上的了。它们是从树枝里长出来的，不是从地里长出来的。死了的树叶还在地上。树枝上长出了真正的、真正的、真正的小叶子。"

我："这是一个重大发现！你怎么知道树叶是从树枝里长出来的呢？"

贝克："因为它们连在一起。"

马德琳："因为它们都是从树枝里长出来的，因为它们粘在树枝上了。"

我："贝克和马德琳的观点可以帮助我们回答有关树叶生命的问题。我们想记住他们在树枝上看到的现象，因为这些现象让他们明白树叶是从树枝里出来的。我们把看到的现象都画出来吧，这样我们回到美术室之后还能记得曾经看到了什么。"

我们随身携带着画板，孩子们把满是嫩芽的树枝画了出来。在早春寒冷的天气下，我们又回到美术室，在温暖的环境里继续工作。

重新审视树叶的生命周期

在回去的路上，我和桑德拉一直讨论回去以后做什么。最后，我们决定让孩子们画出自己对树叶生命周期的理解，帮助他们巩固自己对季节循环与树叶生命之间关系的思考。我们认为，画出树叶的生命周期有助于孩子们清楚地表达树叶是在怎样的环境下变色的，让他们再次回到本研究最初的问题（原则：经常重新审视和调整之前的想法）。

以下画作反映了他们的结论。其中，贝克把树叶画在了树枝里，整个形状像子宫一样。

贝克的画

安娜的画讲述了一棵树的故事：树叶在树枝里孕育，然后经过春、夏、秋、冬的四季更替。

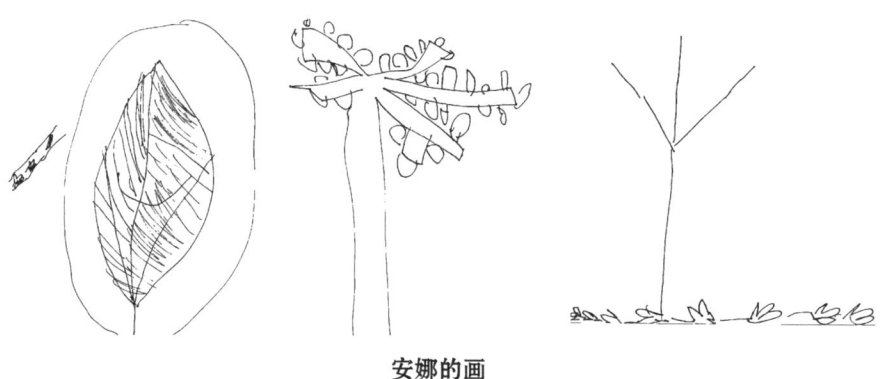

安娜的画

马德琳刚刚成为一个大姐姐，因为她的妈妈给她生了一个小弟弟。她把自己的经历与树叶的生命联系在一起。她画的是树枝里有一片树叶，然后树叶出生，在生命的最后时刻静静地躺在地上死去。

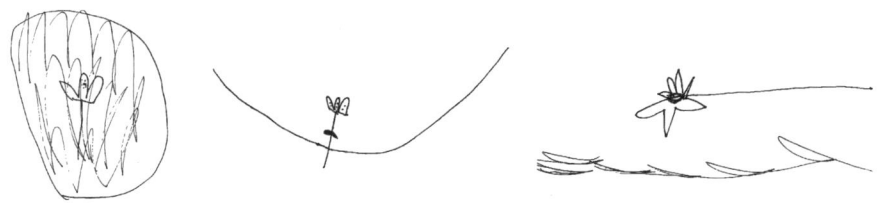

马德琳的画

亚历克斯详细地画了一棵树四季轮回的变化过程：春天长出新的嫩芽，夏天郁郁葱葱，秋天树叶飘落，冬天变得光秃秃的。他最后画的一幅画还表现了当冬天过渡到春天的时候，新生命在地里孕育并向上攀升到树上的情形。

亚历克斯的画

为什么树叶会变色

孩子们的探究活动让他们强烈地意识到四季的循环。湿冷的空气和灰暗的阳光预示着寒冷多雨、天色暗淡的秋天即将来临。秋天的到来让树叶变色，就像给树叶盖上了一层有颜色的毯子。之后，树叶落到地上，渐渐枯死，树因此变得光秃秃的。冬天是需要我们安静等待的季节。我们要屏住呼吸，充满希望，耐心地等待。春天，新的叶子从光秃秃的树枝里长出来。夏天的炎热和阳光让树叶变得满是绿色。之后，天气变化，开始下雨，树叶在生命逝去前绽放出美丽的色彩。

孩子们的探究活动也让他们从最开始只是偶然发现了色彩鲜明的树叶，发展到深入了解了树叶的相关知识。这是探究活动的最终结果：虽然没有伟大的科学发现，但是孩子们对地球上的更替规律有了全新理解。

这一认识让我们转了一圈重新回到探究的最初问题——为什么树叶会变色？它们变色是因为秋天到了，秋天树叶就会变色。对孩子们来说，这个结论不是经过反复论证后有明显论据支撑的论断,而是他们对生命的美丽与神秘的深刻感受及简要总结。斯科特·拉塞尔·桑德斯(Scott Russell Sanders)如是说:"我们的作用是见证、庆祝事物的美丽,以及世界的优雅和有序"(1998,165)。孩子们在这 7 个月里所做的事情,也是我们从这个研究中收获到的,即见证世界的能力以及与他人欢庆我们的发现的能力。

这确实值得庆祝!春末的一个早晨,我、桑德拉、孩子们和他们的家人聚到一起。我们展示了幻灯片,彼此讲述了这一年的研究故事。然后,我们打开一瓶苹果汁庆祝:"为安娜、马德琳、贝克和亚历克斯,为科学家、艺术家,为我们彼此的好朋友,为树叶,干杯!"

用自己的方式开展研究

这个树叶研究活动不是一个模板或课程方案,只是一个实例,告诉我们如何开动脑筋、全情投入地运用艺术开展深入研究。我和桑德拉没有预先制订计划,只是一步步地推进研究。尽管没有制订计划,但我们的工作目的十分清晰:我们希望培养儿童的好奇心和探究精神,培养他们善于提问和不断思考各种不确定性的品质,以及提出假设、发表评论的能力。我们希望他们把学习看作一项宏大的任务,看作和同伴秉持信任、谦逊、好奇的精神共同开启的一段旅程,而不是一个静态、死板的问答模式。对于某些艺术媒介,我和桑德拉不太熟悉。例如,在本研究活动之前,我们都没怎么使用过金属丝。但是,我们希望和孩子们一起体验研究的过程,把这一过程当作我们的学习之旅,所以我们沉浸其中。

我希望,你能从本书中体会到:探究活动或者说艺术语言的学习可以是非常愉快的。它是一次感官上的探险,也是进行探究、反思和建立关系的活动。开展研究的唯一方法就是立刻开始。祝愿你在运用自己的方式学习和使用艺术语言时,发现意外的惊喜,收获快乐!

术语表

艺术媒介
(art media)

本书中,艺术媒介等同于艺术材料,指用于艺术创作的材料,如颜料、黏土、金属丝、开放性材料等。

色粉笔
(chalk pastels)

色粉笔,由黏合剂把粉状颜料黏合而成。它的颜色比粉笔鲜亮,儿童使用手指、软布、海绵或软刷子可以把它混合或涂抹开。

黏土
(clay)

黏土的原材料是泥土,朴实无华。艺术创作中,人们使用的最典型的黏土是三种商用级别的泥塑材料。不过,我主要使用其中的一种——陶土。做泥塑时,黏土会自然变干,塑造出一定的形状。但是,自然晾干的黏土,其保持的时间不会太久,容易碎裂或变成粉尘。所以,人们需要在窑里烧制或者烘烤黏土,使黏土变得坚硬紧实。人们可以在烧制黏土前给它上釉,也可以在烧制后给它上色。

轮廓画
(contour drawing)

轮廓画聚焦于物体的外部边缘,能够让物体的轮廓跃然纸上。

釉
（glaze）

釉，可以让黏土变得有光泽或者有颜色。通常，人们在烧制黏土前会给它上釉。釉是一种由玻璃微粒与磨碎的颜料混合而成的液体。它在高温下熔化，变成陶器的颜色或涂层。釉为黏土作品增添了色彩，在某些情况下，还可以使制作出来的陶器防水。

色相
（hue）

简单点理解，色相就是颜色。色相是色谱上的全部颜色，包括赤、橙、黄、绿、青、蓝、紫。

窑
（kiln）

窑是一种极热、超大的烤箱，用来烧制或烘烤黏土。当人们把黏土放在窑中烧制时，它就会变得非常坚硬，因为窑中极高的温度会使黏土部分熔化。窑内的温度可以达到 1400 摄氏度或更高，相比之下，家用烤箱达的温度只有 260 摄氏度。

开放性材料
（loose parts）

"开放性材料"一词是由英国建筑师西蒙·尼克尔森（Simon Nicholson）于 1971 年创造的，他写文章介绍了一些开放性的、无固定使用方式的材料，以用于设计和建构。开放性材料可以是非常有趣的、富有启发性的小物件，如纽扣、瓶盖、软木塞、织物的边角料、小盒子、管子、雪糕棍、咖啡过滤器等。开放性材料蕴含无限的可能性，没有明确的使用方向，同时能吸引儿童进行实验、组合和设计。

油画棒
（oil pastels）

油画棒是一种油性材料，含有蜡、黄油等物质，质地厚实，形态像蜡笔，但色彩要比蜡笔丰富、浓重。油画棒由亚麻籽油制成，可以像颜料一样分层。

主色调
（palette）
主色调，字面意思是指艺术家在绘画中主要使用的颜色。主色调的概念可以被扩展到艺术家在创作中使用的元素，例如，一系列开放性材料。

原色
（primary color）
有三种原色：红色、蓝色和黄色。这三种颜色中的任何两种都可以组合起来形成一种次生色。

具象艺术
（representational）
具象艺术，是指画或者雕塑一些大多数人都能识别的事物，如树、房子、人、香蕉等。绘画或雕塑作品代表人们熟悉的一种物体或观念。

刻痕
（score）
刻痕，对于把两块黏土结合到一起至关重要。在把两块黏土按压到一起之前，雕塑者会用锋利的工具在黏土上刻下痕迹。然后，用泥釉把黏土有刻痕的表面润湿，就像胶水一样，再把两块黏土的表面按压在一起。

次生色
（secondary color）
任意两种原色组合，都会产生一种次生色。其中，红色和蓝色组合会产生紫色，黄色和蓝色组合会产生绿色，红色和黄色组合会产生橙色。

色度
（shade）
色度是指在颜色中加入黑色的程度。

泥釉
（slip）
泥釉是加了水之后变薄的黏土。泥釉就像胶水一样，可以把两块黏土粘到一起。首先，在两块黏土的表面刻上痕迹，做好标记。然后，把大量泥釉涂抹在两块黏土的表面，再按压到一起。

蛋彩画颜料
（tempera paint）

蛋彩画颜料是可以洗掉的无毒颜料，通常用鸡蛋制成。它与丙烯颜料形成对比，丙烯颜料是永久性的。蛋彩画颜料有时是粉状的。本书所指的蛋彩画颜料是混合后的液体蛋彩画颜料，因为它的色彩鲜明，质地稳定。

色调
（tint）

色调是在颜色中加上白色的程度。

水彩画颜料
（watercolor paint）

水彩画颜料是水溶性颜料，通常是固体色块，人们使用时需要用水润湿。不过，也有液态的水彩画颜料。本书中使用的主要是液态水彩画颜料。我喜欢给孩子们提供这种颜料，因为它色彩鲜艳。同时，当孩子们小心使用时，它们不会像一般的圆盘水彩颜料那样变浑浊。

揉压
（wedging）

通过滚、推、拍打等动作，我们可以将黏土中的气泡挤出来。这一点很重要，因为当我们把黏土放在窑中加热时，气泡会导致黏土爆炸，这样不仅会破坏黏土，还会破坏窑中的其他烧制品。

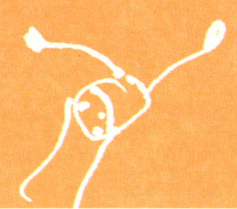

参 考 文 献

Benke, Britta. 2003. O' Keeffe. Cologne, Germany: Taschen.

Burrington, Barbara. 2005. "Melting Geography: Reggio Emilia, Memories, and Place." In *In the Spirit of the Studio: Learning from the Atelier of Reggio Emilia*, edited by Lella Gandini, Lynn Hill, Louise Cadwell, and Charles Schwall, 47–57. New York: Teachers College Press.

Carter, Margie, and Deb Curtis. 2012. "A Thinking Lens® for Reflection and Inquiry." Harvest Resources Associates.

cummings, e. e. 1987. Little tree. New York: Crown Publishers.

Forman, George. 1996. "Negotiating with Art Media to Deepen Learning." *Child Care Information Exchange* (March): 56–58.

Fox, Jill Englebright, and Robert Schirrmacher. 2015. *Art and Creative Development for Young Children*, 8th ed. Boston: Cengage Learning.

Frank, Mary. 2007. "Artist Mary Frank Mingles the Real with the Mythical." Interview on *All Things Considered*, National Public Radio, December 29, 2007.

Gandini, Lella. 2005. "From the Beginning of the Atelier to Materials as Languages: Conversations from Reggio Emilia." In *In the Spirit of the Studio: Learning from the Atelier of Reggio Emilia*, edited by Lella Gandini, Lynn Hill, Louise Cadwell, and Charles Schwall, 6–15. New York: Teachers College Press.

Gandini, Lella, and Judith Allen Kaminsky. 2005. "Remida, the Creative Recycling Center in Reggio Emilia: An Interview with Elena Giacopini, Graziella Brighenti, Arturo

Bertoldi, and Alba Ferrari." *Innovations in Early Education* 12, no. 3: 1–13.

Malaguzzi, Loris. 1998. "History, Ideas, and Basic Philosophy: An Interview with Lella Gandini." In *The Hundred Languages of Children: The Reggio Emilia Approach—Advanced Reflections*, edited by Carolyn P. Edwards, Lella Gandini, and George Forman, 49–98. Westport, CT: Ablex.

O' Keeffe, Georgia. Source unknown.

Rinaldi, Carla. 2005. "The Whole School as an Atelier: Reflections by Carla Rinaldi." In *In the Spirit of the Studio: Learning from the Atelier of Reggio Emilia*, edited by Lella Gandini, Lynn Hill, Louise Cadwell, and Charles Schwall, 43–48. New York: Teachers College Press.

Saint-Exupéry, Antoine de. 1943. *The Little Prince*. Translated by Katherine Woods. New York: Harcourt Brace and Company.

Sanders, Scott Russell. 1998. *Hunting for Hope: A Father's Journeys*. Boston: Beacon Press.

To Make a Portrait of a Lion. 1987. Comune di Reggio Emilia, Centro Documentazione Ricerca Educativa Nidi e Scuole dell'Infanzia.

Sullivan, Angie. 2015. "An Open Letter to Lucy Calkins from a Weeping Second Grade Teacher," Defending the Early Years Project, June 18, 2015.

Vecchi, Vea. 2010. *Art and Creativity in Reggio Emilia: Exploring the Role and Potential of Ateliers in Early Childhood Education*. New York: Routledge.